02.04.2015

Cäsar

ein Epos
von

Roland Fakler

Wie haben Menschen gehandelt, die die Weltgeschichte geprägt haben? Was waren ihre Beweggründe und was können wir aus ihrer Geschichte lernen? Das sind die Fragen die mich stets interessiert haben und die in diesem Epos am Beispiel von Julius Cäsar ernsthaft, ironisch und witzig angesprochen werden sollen.

Gewidmet:
Meinen Freunden und meinen Freundinnen!

Cäsar

ein Epos
von
Roland Fakler
1976
überarbeitet
2007 / 2015

Impressum:
Herstellung und Verlag: BoD - Books on Demand, Norderstedt

ISBN: 9783734780028
© 2007 / 2015 Roland Fakler

Vorwort des Autors

In diesem Buch, das ich im Herbst 1976 in meiner Studentenbude in Tübingen verfasst habe, ging es mir darum, ein interessantes Stück Leben auf meine Weise zu erzählen. Geschichtliche Tatsachen werden mit erfundenen Dialogen wiedergegeben. Dabei orientierte ich mich vor allem an der Lebensbeschreibung des griechischen Geschichtsschreibers Plutarch. Dass ich gerade Cäsar für dieses Buch ausgewählt habe, liegt daran, dass er erstens sehr bekannt ist, dass er zweitens ein sehr bewegtes Leben geführt hat und dass ich als Lateinschüler mit den römischen Verhältnissen vertraut war. Ich sympathisiere nicht mit Cäsar. Im Gegenteil, ich stehe den „Großen der Weltgeschichte", je mehr ich mich mit ihnen beschäftige, sehr kritisch gegenüber. Er hat andere Völker im Frieden überfallen und in das römische Joch gespannt. Er hat viele dunkle Geschäfte betrieben, um sich persönlich zu bereichern und an die Macht zu bringen. Er hat in Gallien einen Vernichtungskrieg geführt und die Provinz schamlos ausgeplündert. Er hat aus Machtgier den Bürgerkrieg entfacht und dadurch großes Unglück über das Römerreich gebracht. Meine Sympathie gilt eher Cato, dem Verfechter der Republik, weshalb das Buch auch mit seinem Tod endet.
Cäsar ist der klassische Machtmensch: skrupellos und selbstsüchtig. An seinem Leben lässt sich gut beschreiben, wie machthungrige Menschen zeitlos gehandelt und gedacht haben. Die reale, ernüchternde Geschichte eines Diktators, die ständigen Kämpfe, Kriege und Intrigen werden hier mit einem Schuss Witz und Ironie erzählt, - sonst wäre diese Geschichte wohl zu traurig und trostlos geworden. Das sprichwörtlich raue Klima im „Alten Rom" eignet sich besonders gut, markige Sprüche los zu werden, die auch unabhängig vom Gebrauch in dieser Geschichte angewendet werden können. Diese Sprüche haben mir selber in schwieriger Lage Kraft gegeben und Mut gemacht.

Hier soll eine unterhaltsame, hoffentlich auch nachdenkliche Geschichte zum Besten gegeben werden.

Inhaltsverzeichnis

Verfolgung Cäsars durch Sulla

Erzähler

Es war einmal ein starker Mann,
der stiftete viel Unruh' an.
In Rom sein Lebenslauf begann,
wo im Jahr „Hundert", schicksalhaft,
geboren ward die große Kraft.
Wie der Mann hieß, das ist schon klar,
es dreht sich hier um den Cäsar.
Aus julischem Geschlecht er war.
Aurelia den Mann gebar,
als er ein Kind und klein noch war.
Mit siebzehn war vermählt er schon
mit der Cornelia von Rom,
die ihm gebar ein Töchterlein,
die Julia, sein Sonnenschein.
In dieser Zeit gab, jünglinghaft,
er Proben schon von seiner Kraft
und drängte ungestüm zum Licht
wie es Tyrannen mögen nicht.
So ein Tyrann war an der Macht,
bei ihm erregte er Verdacht,
denn dreiundachtzig war ein Jahr,
in dem der Sulla Herrscher war.
Schwer lag seine Hand auf Rom,
das war seiner Kämpfe Lohn.
Feindesköpfe rollten viel.
Macht: Das war sein hohes Ziel.
Und wer Herrschermacht besitzt,
auch die Macht zum Herrschen nützt.
Marius, das war sein Feind,
doch nun ist er tot, der Mann,
nimmer Sulla schaden kann,
und der Marianer weint,

weil er fliehen muss und weichen.
Muss durchs Römerreich jetzt schleichen,
darf sich nirgends blicken lassen,
da die Sieger gar nicht spaßen.
Säulen stürzen in den Staub,
die des Marius' Bildnis zeigen.
Marianer müssen leiden
unter Ächtung, Mord und Raub.
Auf dem Forum Romanorum
wandelt stolz der Sieger hin,
- nicht gewandelt ist sein Sinn.

Sulla *(zu seinem Begleiter)*
Rom ist fest in meiner Hand,
doch da funkelt noch ein Stern.
Dieses Licht seh' ich nicht gern,
ist mit Marius verwandt.

Begleiter
Meinst den Jüngling Cäsar du,
stört der etwa deine Ruh'?

Sulla
Du verkennst das junge Blut,
wagt zu trotzen mir mit Mut.
Wollt' ihm die Cornelia nehmen,
Cinnas Tochter, die sein Weib,
doch er wagt 's, sich aufzulehnen,
als sei er nicht ganz gescheit.
Will sich Sulla, mir, nicht beugen,
will sich frech und trotzig zeigen.

Begleiter
Wenn ein Mann sein Weib hat lieb,
schützt er 's gegen jeden Dieb.
Wer hält nicht sein bestes Stück,
seine Seligkeit, sein Glück,
mit des Löwen Mut zurück?
Jeder zückt doch seinen Degen,
will man rauben Lieb' und Leben.

9

Sulla	Müsstest schamhaft doch erröten,
	wolltest du den Cäsar töten.
	Gut, dies könnt' ich ihm verzeihen,
	aber er reizt' mich von neuem.
	Hat er doch in jungen Jahren
	schon das Priesteramt begehrt.
	Gern hätt' ihn das Volk geehrt,
	doch zum Glück, wir schneller waren.
	Niemand soll im Römerreich
	Sulla spielen einen Streich.
	Cäsar, das erkenne nur,
	ist von stärkerer Natur,
	als der Marius es war,
	mag 's ihm mangeln auch am Haar.
	Werde mir nicht Löwen züchten,
	die mich später dann vernichten,
	wenn durch Ämter sie und Orden
	stark und stärker sind geworden.
	Dieser Mann, der wird mir schaden,
	wird mir meine Macht annagen,
	wenn der lang noch wirkt und strebt.
	Deshalb pack ich ihn beim Kragen,
	dass er mich nicht überlebt.
Begleiter	Du bist Herr, du sollst beschließen,
	wen wir haben zu erschießen
Sulla	Sofort sucht den Cäsar mir!
	Seine Frechheit soll er büßen.
	Will den Kopf vor meinen Füßen!
	Morgen soll er liegen hier!
Erzähler	Viele Freunde hat Cäsar.
	Eh' ihn hascht die Häscherschar,
	hat das Urteil er vernommen,
	ist mit wenigen Begleitern,

guten Freunden, besten Reitern
ins Sabinerland entkommen.
Aber dort hemmt seine Flucht
eine Krankheit, eine Sucht.
Auf der Bahre leidet er,
die die Freunde mit sich tragen.
Sie verbergen sich an Tagen
und bei Nacht, mit Cäsar schwer,
sie von Hütt' zu Hütte wandern,
- jede Nacht zu einer andern.

Cäsar
(zu seinen Freunden)
Hört, ihr treuesten Begleiter,
heute Nacht zieh'n wir nicht weiter!
Ich spür es in meinen Knochen,
hab es gestern schon gerochen,
Sullas Leute sind nicht weit,
hier zu bleiben, ist gescheit.
Auch der Vollmond tut nicht gut,
der macht diesen Wölfen Mut,
selbst bei Nacht nach mir zu suchen.
Würde ja dem Fieber fluchen,
wenn es etwas nützen würde,
da 's nichts nützt, trag ich die Bürde.

Markus
(späht zum Fenster hinaus)
Still! Ich hör die Schläg' von Hufen,
höre Männerstimmen rufen.
Männer tragen Fackelschein
in die Hütten schnell hinein.
Cäsar, sie nach dir wohl suchen!
Das ist eine der Legionen,
die nicht Sullas Feinde schonen.

Quintus
Dies ist unser letzter Tag,
dies der Lohn so langer Plag'.

11

	Heute werden wir gefangen,
	morgen wir am Kreuze hangen.
Cornelius	*(der Anführer der Suchtruppe,*
	der mit seinen Leuten in die Hütte einbricht)
	Sieh da! Wer sucht, der findet.
	Soldaten, diese Männer bindet!
Cäsar	Halt! Nicht so schnell, Cornelius!
	Bedenk, du schaffst dir viel Verdruss,
	wenn du den Cäsar lieferst aus,
	zum Feind dir machst das julisch' Haus.
	Der Sulla wird den Fang nicht lohnen,
	wird auch dich einst nicht verschonen.
	Ich biet' zwei Talente dir,
	wenn du lässt die Freiheit mir.
	Sulla ist ein alter Mann,
	der nicht herrschen wird mehr lang.
	Schließ dem neuen Stern dich an!
Cornelius	*(für sich)*
	Wenn ich es mir recht bedenke,
	ist viel größer doch der Lohn,
	wenn den Cäsar ich verschon',
	drum ich ihm die Freiheit schenke.
	(zu seinen Soldaten)
	Habt nichts gehört, habt nichts gesehn,
	nichts ist hier, drum lasst uns geh'n!
Cäsar	*(zu seinen Freunden)*
	Stumm und ängstlich nicht mehr weilt!
	Hin zur Küste, los jetzt, eilt!
	Heut noch schiffen wir uns ein.
	Eh erlischt der Mondenschein,
	stoßen wir schon ab vom Strand,
	segeln dorthin, in das Land,
	das man nennt Bithynien.
	Nikomedes, dieser König,

schenkte Gunst mir gar nicht wenig,
und das Land ist reich und schön.

Cäsar wird von Seeräubern gefangen

Erzähler

Cäsar, dem gefiel die Pracht,
die der reiche König bot.
Frauen gab 's, und Wein und Brot,
doch es lockte ihn die Macht.
Deshalb blieb er gar nicht lange,
blickte immer hin nach Rom.
Sulla machte ihm nicht bange,
auch sank dessen Stern ja schon.
Aber auf der Fahrt zurück,
traf den Mann ein Missgeschick.
Räuber, wildeste Naturen,
herrschten in dem Schwarzen Meer,
hinterließen ihre Spuren,
wo sie fanden Beute schwer.
Furcht erregen ihre Flotten,
da sie jede Macht verspotten.
Cäsar auch ward' aufgegriffen
von den Mörderräuberschiffen.
Auf die Insel vor Milet,
auf der warm der Ostwind weht,
haben sie ihn hingebracht,
ihn gebunden und bewacht.

Räuberhauptmann

(zu Cäsar)
Willst du, Mann, dem Tod entrinnen,
dann muss es dir bald gelingen,
an die zwanzig Goldtalente
her als Lösegeld zu schaffen.

13

Brauch fürs Alter eine Rente,
wenn ich lieg' in meinem Hafen.
Unser Handwerk bringt viel Plage.
Es gelingt nicht alle Tage
ein so dicker, fetter Fang,
von dem man kann zehren lang.
Meist geh'n ja an unsre Leine
Händler oder Leute kleine.
Will von denen man was holen,
glaubt man fast, man hätt 's gestohlen.
Fischt der Fischer fette Fische,
schau er, dass nicht mehr entwische,
was der Zufall ihm geschenkt,

Cäsar
der sie an die Angel hängt.
Scheint, als ob heut eine Ratte,
ihren großen Glückstag hatte,
weil gefunden sie statt Dreck
einen schönen Brocken Speck.
Doch du weißt nicht wer ich bin,
willst ja nur Talente zwanzig,
tust, als sei der Speck schon ranzig,
fünfzig werd' ich geben hin.
Die Bescheidenheit nicht ehrt,
denn die fünfzig bin ich wert.
(zu den Freunden)
Freunde, auf, fahrt zu den Städten,
die es sicher nicht wird reuen,
wenn sie Cäsar können leihen,
um den Cäsar zu erretten!

Erzähler
Vierzig Tage weilt Cäsar
unter dieser Räuberschar,
spottet viel und scherzt mit ihnen,
so wie Räuber es verdienen.

14

Alle lauschen seinen Reden,
manche ihm gar Beifall geben.
Nacht ist 's und er sitzt am Feuer,
kündet die Vergeltung teuer.

Cäsar *(zu der Räuberschar,*
die um ein Lagerfeuer sitzt)
Dieses hier ich prophezei,
sobald ich bin wieder frei,
schlage ich an Kreuzeslatten
all euch hin, euch Wasserratten.
Ihr sollt Cäsar kennen lernen.
Straflos greift man nicht nach Sternen!

Räuberhauptmann Ha, das ist der Scherz der Scherze.
Cäsar, du, von uns gefangen,
redest davon, dass wir hangen:
Vorher ich doch dich ausmerze!

Erster Seeräuber Ja, der Mann versteht viel Spaß,
doch den Spaß man ihm doch lass,
wenn bei uns nur stimmt die Kass'.

Zweiter Seeräuber Mir gefallen seine Reden,
ist gebildet, kann was geben.

Dritter Seeräuber Wenn 's genug zum Saufen gibt,
sind mir seine Witze lieb,
und am Wein da fehlt mir 's nicht,
drum ist 's recht mir, wenn er spricht.

Cäsar Hört von mir jetzt ein Gedicht,
eines von der besten Sorte,
bin ein Meister auch vom Worte:
Eine freche Mäuseschar,
die fing mal einen Tiger.
Ein großes Fest das war;
sie tanzten um den Krieger.
„Ihr kleinen Gartenmäuse,

15

ich schenk euch ein paar Läuse,
wenn ihr mich frei lasst wieder!",
So sprach der schlaue Tiger.
Die Mäuse waren froh,
sie fressen gern den Floh
und ließen frei den Tiger.
Und als der Tiger frei,
kocht' er sich einen Brei
aus dieser Mäuseschar.
Der Tiger, der blieb Sieger,
die Schar sah man nie wieder.
Und dies das Ende war!

Räuberhauptmann *(ernst)*
Soll die Mär gar was bedeuten,
dann missfällt sie meinen Leuten.
Willst du damit etwas sagen,
find ich die Geschichte schlecht,
könnte sie nicht gut ertragen,
weil ich keine Maus sein möcht'.

Erster Seeräuber Dumm ist es in Feindeshand
ihn zu wünschen an die Wand.
Wachsen Dummheit nicht und Stolz
beide auf dem gleichen Holz?

Cäsar Weiß da einen bessern Spruch,
er stinkt mehr und hat Geruch:
„Wenn Gesindel öffnet 's Maul,
stinkt es eklig, stinkt es faul!"
(Er steht auf)
Hier gibt 's doch nur taube Ohren,
da ist Künstlerwort verloren.
Schweigt jetzt und lasst Cäsar schlafen,
Wolfsgeheul gefällt nicht Schafen!

Erzähler Als das Morgenrot erglüht,

segeln Schiffe in den Hafen.
Freunde, die sich lang bemüht,
bringen Geld her von den Städten,
um den Cäsar zu erretten.

Cäsar *(zu den Seeräubern)*
Lang erfreut euch nicht das Geld,
denn bald geht ihr aus der Welt.
(zu den Freunden)
Lasst uns hier nicht länger weilen,
nach Milet hin lasst uns eilen,
um zu rüsten eine Flotte,
zu vertilgen diese Rotte!

Erzähler
Cäsar sammelt zwanzig Schiffe
und bricht auf dann von Milet.
Günstig jetzt der Ostwind weht,
trägt sie hin zu jenem Riffe,
wo die Räuber arglos sitzen
und erfreuen sich an Witzen.
Nimmer hätten sie geglaubt,
dass der Mann, den sie geraubt,
sprach im Ernst all seine Worte.
Der ertappt nun an dem Orte,
wo er selbst gefangen war,
diese dumme Räuberschar.
Furchtbar rächt sich jetzt der Held.
Kreuze werden aufgestellt,
diese Räuber hingeschlagen,
und das war das End' der Plagen.

Cäsar in der Rednerschule auf Rhodos

Erzähler

Als nun diese Tat vollbracht,
Cäsar sich nach Rhodos macht,
um die Zunge dort zu lösen,
dass er dann den Feind, den bösen,
auch mit Worten schlagen kann.
Siegen wollte dieser Mann.
Auch gewinnt durch diese Kunst
mancher leicht des Volkes Gunst,
und daran lag Cäsar sehr:
Hat man 's Volk, erreicht man mehr.
Apollon(i)os, hieß der Meister,
der war einer jener Geister,
die gerühmt von jedermann
zogen wie Magnete an.
Lange übt sich Cäsar hier
und erreicht den Meister schier.

Apollonios

(Lehrer der Rednerschule auf Rhodos)
Bravo, Cäsar, mach so weiter!
Bist nicht nur ein guter Reiter,
stark, ich seh 's, ist auch die Zunge
und vermögend deine Lunge.

Cäsar

Meister, nein, ich bin zufrieden.
Du behältst den ersten Rang.
Hier lass ich mich gern besiegen,
möcht' den zweiten Rang nur kriegen,
hab' geübt mich schon zu lang.
Um Soldaten zu gewinnen,
braucht man nicht ein Kunstwerk spinnen.

Apollonios

Die Talente muss man nützen.
Wenn Natur schenkt solche Stützen,
ist es Pflicht auf sie zu bauen.
Wie zum Himmel hoch, zum blauen,

18

heben Vögel sich mit Flügeln,
so muss jeder sich erheben,
dem die Flügel sind gegeben:
Drum sollst du die Zunge bügeln.
Dir gab die Natur Gewalt,
dir zu geben selbst Gestalt.
Die Natur würd' sich empören,
wolltest du sie überhören.
Jeder dem es kann gelingen
sich durch irgendeine Kunst
zu den Göttern aufzuschwingen,
der steht in der Götter Gunst.
Wenn sie schenkten solchen Segen,
muss man dazu auch was geben.
Unheil bringt ja nur das Schwert,
glücklich wer das Wort verehrt!
Es würd' nicht viel Kriege geben,
würd' aufs Wort man sich verlegen,
denn mit Worten lässt sich streiten,
ohne Unheil zu bereiten.
Krieg, das ist ja stets ein Zeichen,
dass die Worte nicht mehr reichen.
(Sie blicken erstaunt aufs Meer)

Cäsar

Sieh doch, Apollonios,
welche Schiffe riesig-groß
dort jetzt in den Hafen laufen!
Meine Freunde sind 's aus Rom.
Lass den Tag uns selig taufen,
sicher bringen sie mir Lohn.

Antonius

(der freudig heran eilt)
Salve Cäsar! Gute Mär
bringen wir von Rom dir her,
denn es ist verschieden der,

19

	der dir macht' das Leben schwer.
Cäsar	Doch nicht Sulla, meinst du den?
	Das wär' freilich gar zu schön.
Antonius	Ja, der Sulla ist gestorben
	trotz der vielen Ehrenorden,
	die er lassen musst' auf Erden,
	da die Menschen nackt ja sterben.
	Hierher brachten uns die Winde,
	um zu künden dir geschwinde:
	„Sullas Asche hat der Tiber,
	Cäsar kann nach Hause wieder!"
Cäsar	Das ist freilich eine Sache.
	Hörst du, Apollonios,
	fahr' nach Rom jetzt, werde groß!
	Warte ab wie ich das mache!

Bürger im Gespräch über Cäsar

Erzähler	Cäsar weiß stets was er will,
	drum hält er sich auch nie still.
	Auf dem Forum Romanorum
	spricht man fast nur über ihn.
	Er betört der Menschen Sinn.
	Hört nun was zwei Bürger reden,
	die so manches überlegen.
Erster Bürger	Ja, der Cäsar, der versteht 's.
	Freundlich sieht man den ja stets.
	Der gewinnt sich seine Leute.
	Weißt du schon das Neust' von heute?
Zweiter Bürger	Den Prozess des Dolabella,
	den er vor Gericht gezogen,
	weil die Griechen er betrogen?
	- Ich ihn selber mir ansah.
Erster Bürger	Das war gestern, das ist alt.

	Heut zeigt' er viel mehr Gewalt.
	Hat ertappt Stochonius
	wie der einen hat bestochen.
	Seine Unschuld ist gebrochen,
	weil nun vor 's Gericht er muss.
Zweiter Bürger	Wenn der nur nicht mehr vorhat.
	Fürchte, der ist niemals satt.
	Der schenkt nicht umsonst sein Geld
	und macht Schulden über Schulden,
	dass das Volk ihn mag gern dulden.
	Der für dumm die andern hält.
Erster Bürger	Du willst ihn doch nicht verklagen,
	weil der 's mit dem Volk versteht,
	weil ein frischer Wind jetzt weht,
	seit er ankam hier vor Tagen.
	Mir gefällt die gold'ne Pracht
	und sein großer Lebensstil.
	Seh' dahinter gar kein Ziel.
	Prunk ihm halt mal Freude macht.
	Niemand gab je solche Feste,
	keiner je das Volk einlud,
	wie der Cäsar dies jetzt tut.
	Der bewirtet uns als Gäste.
Zweiter Bürger	Trau' der Sache trotzdem nicht.
	Das ist meine Bürgerpflicht.
	Schon ein mancher hat das Volk
	sich gewonnen durch das Gold,
	um dann auf des Volkes Rücken
	seine harte Hand zu drücken.
	Ich möcht' mich nicht gerne bücken
	unter der Tyrannenlast,
	- drum bin ich nicht gern sein Gast.
Erster Bürger	Denkst du Solches denn von ihm,

dankst du so die Freundlichkeit,
die beweist er allezeit?
Wie verblendet ist dein Sinn.
Wenn der hat sein Geld verbraucht,
dann der Ofen nur noch raucht.
Doch solang er Spiele gibt,
ist er auch dem Volke lieb.
Was wär denn in Rom schon los,
wär der Cäsar nicht so groß,
würde der nicht dafür sorgen,
dass man hier sieht heut und morgen
wilden Kampf in der Arena,
grausig' Tier- und Fechterspiele,
wie sie vorher niemand sah
und noch niemand gab so viele!

Zweiter Bürger   Einst die Zeit macht dich gescheit.
Ich seh' schon voraus sehr weit.

Leichenrede Cäsars auf seine Tante

Erzähler

Es starb auch in jener Zeit
seine Tante, Marius' Weib.
Niemand hielt vor ihm in Rom
einem Weibe solche Rede,
die die Herzen all bewege
und dem Weibe ward zum Lohn.

Cäsar

(von der Rednerbühne zum versammelten Volk)
Ihr, ihr Bürger, hört mich an!
Brechen muss ich heut den Bann,
den die Väter aufgestellt.
Hören soll es alle Welt,
was dies brave Weib getan.
Niemand hat vor mir gewagt,

22

dass er öffentlich beklagt
eines Weibes toten Leib,
deshalb wird es endlich Zeit,
dass ein Mann den Brauch fängt an
und betritt die neue Bahn.
Ehrenhaft hat sie gelebt,
drum ist es die Leiche wert,
dass man sie im Tod verehrt.
Ihr jetzt alle um die steht,
die schon zeigte in der Jugend
selten edle Weibertugend.
Niemand spare seine Tränen,
hier muss ich es wohl erwähnen,
dass sie Kummer und viel Leid
musst' erdulden allezeit,
dass mit Tapferkeit und Mut
sie des Gatten Schicksal trug.
Standhaft hat sie viel getragen.
Wer sah sie je einmal klagen?
Über alle Weibsnatur
hat stets Stärke sie gezeigt,
deshalb achte ich dies Weib,
denn sie war ein Weib nicht nur.
Eine Sonne war sie lang
ihrem Gatten, ihrem Heim,
und selbst als sie war allein,
zeigte sich in ihr der Drang,
and're Menschen zu beglücken.
Wer weiß um ihr warmes Herz,
wen beschenkte sie mit Blicken,
der verspürt jetzt auch den Schmerz,
da ihr Auge nicht mehr glüht
und um Wärme sich bemüht.

Niemand schenkte Weibern Orden,
doch dies Weib hat es verdient,
dass ihr Leben man hier rühmt,
denn ihr Ruhm ist nicht gestorben.
Leben wird ihr Bild auch morgen,
leben wird sie allezeit,
da sie war ein tapf'res Weib.
(Das Volk jubelt Cäsar zu und wirft
Blumen nach ihm.)

Erste Bürgersfrau   Der Mann hat ein mildes Herz,
den bewegt selbst Weiberschmerz.

Zweite Bürgersfrau   *(zu Ihrer Begleiterin)*
Wenn der Mann mich rühmen würde,
wär's mir recht, wenn ich gleich stürbe.

Mädchen   *(werfen Blumen auf die Bühne)*
Cäsar, Cäsar lebe lang,
um den Tod ist 's uns nicht bang.
Cäsar, Cäsar wir dich grüßen,
möchten alle dich gern küssen!

Volk   Salve Cäsar! Salve Cäsar!
Neues wird und Altes war!

Marianer   *(für sich)*
Da braucht nur mal einer kommen,
der den Mut hat anzufangen
und das Alte zu verdammen,
schon wird neuer Brauch begonnen;
und der Cäsar ist der Mann,
der hier fängt was Neues an.

Sullaner   *(für sich)*
Solches rächen selbst die Götter,
auch bringt es ihm viele Spötter,
wenn er bricht der Väter Brauch,
mag er sein der Cäsar auch.
Ungestraft kann das nicht bleiben,

24

an der Frechheit wird er leiden.

Erzähler

In bedächtig stiller Trauer
trägt die Leiche man hinaus,
aus dem Tor und aus der Mauer,
auf das Feld, wo steht kein Haus.
Auch die Masken ihrer Ahnen
geben ihr noch das Geleit,
zeigen an des Blutes Bahnen,
halten wach Vergangenheit.
Schweigend steht die Menschenmasse,
Menschen sieht man jeder Klasse,
die die Tote alle kannten.
Weinend sehen die Verwandten,
wie das Feuer die verzehrt,
die im Leben war begehrt.
Es belastet sie gar schwer
dieses Augenblickes Schmerz,
der nun presst aus ihrem Herz
die Legende und die Mär
von dem tugendhaften Leben,
das die Tote hat gegeben.

Nach der Toten-feuer-feier
geh'n die Frauen unterm Schleier
und auch unter vielen Klagen
hin zur Stadt, nach Rom, zurück.
Sie bedenken ihr Geschick
und der Menschen viele Plagen,
die ja erst an solchen Tagen
unserm Geiste sich hell zeigen,
die erfüllt von großem Leiden.

Marius' Standbilder werden wieder aufgestellt

Erzähler

Abend es in Rom schon war,
als sich anschickt der Cäsar
mit zwei Freunden zu beraten
über neue Heldentaten.

Cäsar

Heute Nacht muss es geschehen,
still und heimlich soll es gehen,
niemand darf euch handeln sehen.
Holt die Säulen mit den Gäulen
bei dem Bildner Paulus ab,
dem ich diesen Auftrag gab!
Stellt sie auf im Kapitol,
wo sie jeder sehen soll!

Freunde

(zusammen)
Auf uns darfst du immer hoffen,
wenn wir sind nicht grad besoffen.

Erzähler

Wie erwachte nun der Tag,
strömten vor das Kapitol
Menschen viel, der Platz war voll.
Freude sah man, hörte Klag'.

Erster Sullaner

(zu einem Begleiter)
Marius zeigen diese Bilder.
Wer hat sie wohl aufgestellt?
Das weiß doch die ganze Welt,
dass verdammt sind diese Schilder.

Zweiter Sullaner

(zu seinem Begleiter)
Fragst du noch, wer das getan,
bist du dumm, hat dich der Wahn.
Leicht kann man den Täter raten,
der allein wagt solche Taten.
(ruft in die Menge)

26

	He, ihr Leute, hört hierher,
	dies ist ein Verbrechen schwer!
	Der Mann, der es hat begangen,
	den wird das Gericht belangen!
Erster Marianer	(*laut*)
	Schweige, du Sullanerhund,
	hier zu bellen ist kein Grund!
	Wer die Säulen aufgestellt,
	den soll loben alle Welt.
	(*Jubel und Händeklatschen beim Volk.*)
Zweiter Marianer	(*zum Begleiter*)
	Ja, mein Freund, so soll es sein,
	sag 's ihm dem Sullanerschwein.
Erster Sullaner	(*laut*)
	Der Senat hat es verboten,
	dass man ehrt hier diesen Toten.
	Der Senat wird auch beschließen,
	dass, wer ihm die Ehre gab,
	ihn zu holen aus dem Grab,
	diese Freveltat wird büßen.
Erster Marianer	(*zum Begleiter*)
	Nun bricht an die neue Zeit,
	die uns bringt Gerechtigkeit.
	Sullas Macht, die soll verderben,
	die Sullaner sollen sterben.
Zweiter Marianer	(*vertraulich zum ersten*)
	Hör, dir kann ich 's ja vertrauen,
	war dabei beim Säulenbauen.
Erster Marianer	Und ich gab in Auftrag sie.
	Ich weiß wo und was und wie.
	Brauchst dich heimlich nicht betragen,
	Cäsar selbst dem Volk wird 's sagen.
	Welcher andre dürft' sich trauen,

	diese Säulen aufzubauen.
	Auch ist es doch allbekannt,
	dass mit Marius er verwandt.
Zweiter Marianer	Sieh, da stoßen Sullas Leute
	um die Säulen, machen Beute,
	nehmen weg das Gold, die Schilder
	und zerstören alle Bilder!
Erster Marianer	(*laut*)
	Leute, Bürger, lasst 's nicht zu,
	wacht jetzt auf aus eurer Ruh',
	packt die Frevler und schlagt zu!
Erster Sullaner	(*zu den Freunden*)
	Wehret euch, wir sind im Recht,
	denn wir sind nicht Cäsars Knecht'!
Erzähler	Es beginnt ein wilder Streit,
	der ergriff fast alle Leut',
	die an diesem Tage waren
	auf dem Platze dort in Scharen.
	Schreien, Schlagen, Raserei,
	alles, was halt so dabei,
	zeigt' auch diese Streiterei.
	Und sie hatten alle Recht,
	weil nicht sein man wollte Knecht.
	Der Senat musst' sich befassen
	mit den Kämpfen auf den Gassen.
	Mancher würdig-brave Mann
	klagte hier den Cäsar an.
Catullus	(*Gegenspieler Cäsars im Senat*)
	Hört mich an, ihr weisen Väter,
	hier sitzt er, der Übeltäter,
	der die Frechheit hat besessen
	jene Säulen aufzurichten,

die das Volk hätt' längst vergessen,
wär' der hier nicht so vermessen,
die Vergangenheit zu lichten.
Ihr, ihr selbst habt es verboten,
dass man ehret diesen Toten.
Wenn der Cäsar dies jetzt tut,
dann verdient er eure Wut.
Er verachtet euch doch alle,
zeigt euch seine scharfe Kralle.
Cäsar wartet nur darauf,
dass man lässt ihm freien Lauf.
Wenn ihr euch nicht endlich wehrt,
er sich einen Dreck drum schert,
was ihr, Väter, hier beschließt,
da es ohnehin nicht sprießt.
Lasst es also nicht geschehen,
dass er ungestraft kann gehen.

Cäsar   *(erhebt sich)*
Werte Väter, hört mein Wort,
dass ihr urteilt nicht zu schnell
auf Grund eines Hunds Gebell.
Hier zu sprechen, ist der Ort.
Was ich tat für Marius,
hätt' für jeden ich getan,
den verbannte nur ein Wahn,
weil ich jedem helfen muss.
Wer von euch, ihr edlen Männer,
die ihr seid des Weltlaufs Kenner,
könnte länger es ertragen,
dass man totschweigt jenen Mann,
den man pries in seinen Tagen,
bis der Sulla klagt' ihn an.
Jetzt, da Sulla ist gestorben,

will ich zeigen seine Orden,
die verdient' er sich um Rom.
Ich will geben ihm den Lohn.
Nennt ihr dies Gerechtigkeit,
einem Manne zu verwehren
seine wohl verdienten Ehren,
die ihm schenkte seine Zeit,
die ihm stahl Undankbarkeit?
Welcher Mann, der ehrenhaft
hier auf Erden lebt und schafft,
möchte nicht geehrt noch sein,
wenn schon Asche sein Gebein!
Wolltet ihr es anders dulden,
nähmt auf euch ihr schwere Schulden.
Nicht zum Schaden dem Senat
soll gereichen meine Tat.
Sie soll nur den Brauch zerbrechen,
dass an Toten wir uns rächen.
(Lauter Beifall der Senatoren.)

Erzähler

Der Senat ihm Beifall gab
und sehr lobte diese Tat,
bei der niemand kam zu Schad'.

Bewerbung um das Amt des Pontifex Maximus

Erzähler

Es starb damals grad in Rom
Pontifexus Maximus,
weil der alt und greisig schon
und halt jeder sterben muss.
Um das Priesteramt bewarben,
da sooft nicht Priester starben,
sich die besten Männer gleich.
Dieses Amt gab Ehren reich.

30

Auf dem Forum Romanorum
Sprach Catullus Cäsar an.
Hört, was wollte dieser Mann!

Catullus Du bewirbst dich um das Amt?

Cäsar Das dürft' sein wohl allbekannt.

Catullus Du bist jung noch, schon verwegen,
willst du 's nicht noch überlegen,
- zumal ich mich auch bewerbe.

Cäsar Glaubst du, dass vor Angst ich sterbe?
Hab das Volk auf meiner Seite,
drum ich mit viel Hoffnung streite.
Mir wird mit den vielen Stimmen
diese Wahl, - ich hoff', gelingen.

Catullus *(für sich)*
Ja, das fürchte ich halt auch.

(zu Cäsar)
Cäsar, es ist nicht der Brauch,
dass so junge Männer schon
sich erwerben solchen Lohn.
Viel Talente biet' ich dir,
wenn du lässt den Wahlsieg mir.

Cäsar Ach, so steht es, Freund Catull,
jetzt erst recht ich darum buhl.
Gern will ich die Schulden dulden,
denn ich drück dich in die Mulden.

Catullus *(errötend)*
Freilich, ernst war 's nicht gemeint,
wenn es ernst dir vielleicht scheint.
Ich mein' dieses Angebot.

Cäsar Wer wird denn beim Scherzen rot?
Doch ich bin die Zeitung nicht.
Du, Catull, scheu du das Licht.
Servus, geh von mir, Catullus,

siegen werd ich, weil ich muss.
(Catullus wendet sich beschämt ab.)

Erzähler	An dem Tage dieser Wahl lief das Volk von überall, jedenfalls von Rom, daher, denn gespannt war jeder sehr, wer von all den großen Mannen kann zum Priesteramt gelangen. Von der Mutter Abschied nahm Cäsar auch, der kühne Mann.
Mutter	*(weint)* Oh warum musst du nur wagen, dich schon in so jungen Tagen mit den Mächtigen zu schlagen? Warum bist du nicht zufrieden und bist heut daheim geblieben?
Cäsar	Sei beruhigt, geliebte Frau, nur auf deinen Sohn vertrau'! Priester werd' ich heute sein oder muss verlassen Rom. Wagen muss ich die Tat schon, denn ich bin nun mal nicht klein.
Mutter	Mit nimm deiner Mutter Segen, lass daheim den Dolch, den Degen!
Cäsar	Es wird Zeit, ich muss jetzt geh'n, bald wirst du mich wieder sehn.
Erzähler	Als Cäsar betritt die Bühne, jubelt laut des Volkes Menge. Um den Mann entsteht Gedränge, als ob man den Sieger rühme. Finster blicken seine Gegner, die die besten aller Redner.

Doch durch des Charakters Kunst
siegte Cäsar in der Gunst
jener Menschen, jener Massen,
seine Gegner ihn drum hassen.

Feierlich beging der Mann
diesen Tag, an dem begann
er die hohe Ämterbahn.

Verschwörung des Catilina

Catilina, so hieß der,
der versammelte ein Heer,
um zu stürzen, was nur stand,
um zu setzen Rom in Brand.
Doch sein Plan, der wurd' verraten,
eh er schreiten konnt' zu Taten.
Die Verschwörer sind gefangen,
müssen um ihr Leben bangen.
Jetzt berät man im Senat
wie man schützen will den Staat.

Cicero

(Konsul des Jahres spricht zum Senat)
Es ist uns gelungen, Väter,
Rom zu wahren vor dem Brand.
Danken wir es Schicksals Hand,
dass wir haben hier die Täter.
Nie vorher hat man gewagt
solch abscheulich finst're Tat
wie sie diese wollten wagen,
hätten wir nicht zugeschlagen.
Will die Größe man ermessen
der Verschwörerräuberbande,

darf man dabei nicht vergessen,
dass die meisten außer Lande.
Doch da es gelungen mir,
die in Rom zu fassen hier,
wollen wir uns jetzt beraten,
wie bewerten wir die Taten.
Es soll nun ein jeder sprechen
und am Schluss wir dann entscheiden,
was die Männer sollen leiden,
wie wir uns an ihnen rächen.

Catullus *(steht empört auf)*
Was gibt 's hier noch zu beraten,
wie bestraft man solche Taten.
Jedermann verdient den Tod,
wenn er plante solche Not,
wie sie diese ausersonnen.
Hätten sie das Werk begonnen,
wär' hier keiner mehr entronnen.
Drum, wenn ihr sie niederstecht,
handelt ihr allein gerecht.
(Beifall der Senatoren)

Cäsar *(erhebt sich. Schweigen tritt ein.)*
Hört nun auch auf mich, ihr Väter,
was ich vorschlag' für die Täter.
Ich will sie zwar nicht verschonen
oder sie noch gar belohnen,
aber würdig handelt nicht,
wer selbst Mörder niedersticht.
Ich weiß, Väter, ihr seid weise,
denn die meisten hier sind Greise,
also handelt doch besonnen,
nicht wie es des Jünglings Weise,
der ja um sich schlägt benommen.
Wer nicht Milde üben kann,

34

nenn' ich einen schwachen Mann.
Sind wir immer noch Barbaren,
wie es uns're Väter waren?
Müssen Weise nicht erröten,
wenn Gefangene sie töten?
Lasst doch walten Menschlichkeit,
das wird lohnen jede Zeit!
Dieses schlag' ich euch nun vor:
Führt hinaus sie aus dem Tor,
in den Kerkern lasst sie schmachten,
bis gesiegt wir in den Schlachten,
die will Catilina liefern,
schwer bewaffnet zu den Kiefern.
Wenn die Kämpfe dann vorbei
und wir von dem Druck sind frei,
dann entscheidet erst in Ruhe,
was man mit den Männern tue.
Dieses halt' ich für gescheit,
wenn für 's Urteil man nimmt Zeit.
(Lauter Beifall vieler Senatoren)

Cato   *(steht auf und wendet sich gegen Cäsar)*
Wenn es niemand hier will wagen,
dir die Meinung mal zu sagen,
dann musst du von mir es hören,
was ich denke vom Verschwören.
Wenn wir diese jetzt nicht richten,
werden sie einst uns vernichten.
Noch lebt die Verschwörerbande,
ist zerstreut im ganzen Lande,
und sobald sie wird erfahren,
dass wir zaghaft hier verfahren,
dass die nicht gerichtet wurden,
sondern sitzen in den Burgen,

wird sie diese hier befreien
und wir haben Scherereien,
weil der Kampf beginnt von neuem.
Gar zu dumm erscheint er mir,
dieser Vorschlag, der von dir.
Wer weiß, ob mit deiner Milde
du nicht führst gar was im Schilde.
Es geht um ja ein Gemunkel,
das erleuchtet jenes Dunkel,
das du um dich gerne hüllst,
indem du den Milden spielst.

Cäsar   *(steht gereizt auf)*
Cato, nimm dich ja in Acht,
auszusprechen den Verdacht,
den du auf der Zunge hast,
nur weil du den Cäsar hasst!

Cato   Du hast Grund genug gegeben,
dass in Ketten man müsst' legen
dich und deine Freundesschar.
Magst du auch die andern blenden
durch den Aufwand, durch Verschwenden,
mir, mir jedenfalls ist klar,
dass dies nur ein Anfang war,
denn du hältst die Massen frei
mit dem Ziel der Tyrannei.
Hier muss ich es endlich sagen,
kann's nicht länger mehr ertragen:
Du missachtest die Gesetze
und betreibst ganz böse Hetze
gegen Adel und Senat,
wartest nur auf jenen Tag,
an dem dich das Volk zum Lohn
setzt auf einen Königsthron!
(Gemurmel entsteht unter den Senatoren,

	die über den Freimut Catos erschrecken.)
Cäsar	*(unterbricht Cato)*
	Schweig, du bist zu weit gegangen,
	hast ein Thema angefangen,
	das nur Hass und Unruh' schürt,
	ohne dass es zu was führt.
	Du bist, Cato, ja bekannt,
	dass du malst an jede Wand
	Cäsar, mich, als Ungeheuer.
	Du bist es, der schürt den Brand.
	Lenkst auf mich den Hass der Väter,
	stellst mich hin als Übeltäter!
Cato	Für die Freiheit muss ich reden,
	eh ich kämpfe ihretwegen,
	eh ich lass für sie das Leben!
Cicero	*(steht auf und erhebt die Hand)*
	Nun beendet diesen Streit,
	für den jetzt ist nicht die Zeit.
	Sammeln wollten wir Ideen,
	was mit diesen soll geschehen.
	Ihr kennt die verschied'nen Stimmen.
	Wäget klug, entscheidet weise,
	denn ein Urteil soll gelingen,
	das ist würdig diesem Kreise.
	Auf euch blickt die ganze Welt,
	euch für Väter man ja hält,
	und wie Väter sollt ihr sorgen
	für das Staatswohl heut und morgen.
	Mit euch selbst sollt ihr jetzt ringen,
	dann lasst zählen uns die Stimmen.
	(Gemurmel entsteht unter den Senatoren,
	die sich beraten.)
Cicero	*(nach einiger Zeit)*

Nun soll der die Hand erheben,
der auslöschen will ihr Leben.
(Fast alle heben die Hand)
Nun Liktoren, führt sie raus!
Löscht das Leben ihnen aus!
Handelt rasch, dass der Beschluss
nicht noch mache viel Verdruss!
So soll 's sein, wie es sein muss.
(Cäsar will den Ratssaal verlassen.
Ciceros Wachen stellen sich ihm entgegen)
(zu den Wachen)
Lasset dies, da ich 's nicht möcht',
dass verletzt man hier das Recht!

(Cäsar tritt hinaus und wird vom Volk
jubelnd empfangen.)

Cato

(zu den Senatoren)
Er gewinnt durch seine Spenden,
die er gibt mit off'nen Händen,
diese frechen Pöbelmassen.
Und die werden uns bald hassen,
wenn wir dies geschehen lassen.
Deshalb geb' ich euch den Rat,
schenkt dem Volke jeden Tag
viel Getreide, gebt ihm Korn.
Dies wird Cäsar sein ein Dorn.

Pompeias Affäre mit Clodius

Erzähler

Als der Cäsar war Prätor,
kam in seinem Haus 'was vor,
was erzählen man schon muss,
da es schaffte viel Verdruss.
Clodius, der liebte sehr
die Pompeia, Cäsars Weib,
doch gab 's selten eine Zeit,
die war günstig der Begehr,
schließlich war ein Mann im Haus,
hätt' der Clodius ertappt,
hätt' er ihn wohl fest gepackt
und geworfen ihn hinaus.
Da es nun der Zufall wollte,
dass ein Fest es geben sollte,
das für Frauen nur bestimmt,
das dem Mann die Rechte nimmt,
sich im Hause aufzuhalten,
wollt' der Clodius heut walten.
Er zog an ein Frauenkleid,
wollt' es treiben recht gescheit
und brach auf zu jenem Haus,
wo man trieb den Weiberschmaus.
Auch Pompeia wartet schon
auf den heißen Liebeslohn.

Clodius

(Als Frau verkleidet, klopft an die Tür.
Eine Sklavin der Pompeia, die eingeweiht ist,
öffnet.)
Ich bin 's, Clodius, - du weißt!

Sklavin

Ja, die Göttin man grad preist.
Pompeia kann 's erwarten kaum,

39

sah dich gestern schon im Traum.
Auf die andern doch gib Acht,
dass erregst du nicht Verdacht!
Warte hier, ich hol sie dir!
(Clodius wartet im Gang.
Aus einem Saal hört man Stimmen.)

Chor der Frauen *(betet)*
Göttin, du, der edlen Frauen,
gnädig sollst du auf uns schauen.
Göttin, du, der Liebestreue,
gib, dass nie ein Weib bereue,
dass mit dem Mann sie verbunden,
der zuerst sie durft' verwunden.

Aurelia, *(Cäsars Mutter zu einer Dienerin)*
Sind verschlossen fest die Tore,
dass die Stimm' von unserm Chore
nicht komm einem Mann zu Ohre,
denn wenn wir nicht halten dicht,
hilft uns auch die Göttin nicht.
Geh und schau noch einmal nach,
ob das Schloss uns hält die Wach'!

Dienerin *(trifft Clodius auf dem Gang)*
Was stehst du hier so allein?
Längst wir feiern schon, komm rein!

Clodius *(versucht, seine Stimme zu verstellen)*
Ach, ich stand nur kurz mal hier,
um zu schauen nach der Tür.

Dienerin *(erschrickt über die raue Stimme*
und läuft in den Saal)
Hört mal her! Verbrechen schwer!
Dort im Gang wartet ein Mann,
der hört alles hier mit an.

Aurelia *(aufgeregt)*
Deckt jetzt rasch zu den Altar

	und verbergt die goldne Schlange!
	Um den Kult ist mir 's jetzt bange.
	Nehmt den Mann, packt ihn beim Haar!
	(Die Frauen stürzen hinaus. Clodius will
	fliehen, doch fassen und erkennen sie ihn.)
Aurelia	Clodius ist 's, der frevelhafte,
	der dies Ärgernis uns schaffte.
	Jagt ihn fort, eilt zum Senat,
	um zu melden den Verrat!
	Büßen soll er seine Tat.
Pompeia	*(zweite Ehefrau Cäsars)*
	(scheinheilig)
	Was wohl wollte der denn hier?
	Wer ließ ein ihn zu der Tür?
	(Die Frauen blicken sich an.)
Sklavin	*(weint)*
	Ich mag 's länger nicht ertragen,
	diese Freveltat zu schützen,
	die ich selbst wollt' unterstützen.
	Sie hat es mir aufgetragen.
	(Sie zeigt auf Pompeia)
	Doch die Göttin will 's nicht dulden,
	dass ich schweigend trag die Schulden.
	(Pompeia wird schamrot.
	Die Frauen verlassen das Haus.)
Erzähler	Aufruhr gab 's am nächsten Tag,
	da empört die ganze Stadt
	über diese Freveltat.
	Bürger sitzen in der Schenke
	und erzählen beim Getränke.
Erster Bürger	*(kommt zu der Tischrunde)*

41

	Wisst ihr, Leute, neuste Kunde?
Zweiter Bürger	Machte hier längst schon die Runde.
	draußen bellen 's alle Hunde.
Dritter Bürger	Ja, so steht es mit den Besten,
	haben auch nicht reine Westen.
	Wer hätt' es denn je gedacht,
	dass Pompeia so was macht?
	Jetzt tut mir der Cäsar leid,
	dass erwählt' er so ein Weib.
Zweiter Bürger	Und der Clodius, nein, nein,
	so ein frevelhaftes Schw....
	(hebt die Hand)
	Wirt, schenk noch ein Gläschen ein!
Erster Bürger	Ja, der kann 's nun mal nicht lassen,
	der hat selbst die Schwester schon ...,
	doch ein andermal davon.
Dritter Bürger	Cäsar lässt nicht mit sich spaßen,
	hat das Weibsbild gleich entlassen.
Zweiter Bürger	Clodius aber weiter gilt.
	Warum gegen den so mild?
	Führt mit dem er was im Schild?
Erster Bürger	Du bist wohl nicht ganz im Bild.
	Clodius ist Volkstribun,
	Cäsar braucht das Volk, - jetzt, ...nun?
Zweiter Bürger	Ah, du meinst wohl wegen dem;
	wenn man 's so sieht, das Problem,
	lässt sich 's lösen recht bequem.
Dritter Bürger	Ja, es gibt ihm ja sogar
	seinen Schutz noch der Cäsar.
	Es wollt' strafen der Senat,
	Cäsar aber schützt die Tat.
	Hat sich nur vom Weib geschieden
	und sie aus dem Haus getrieben,
	denn allein schon der Verdacht

	ihm, dem Cäsar, Sorgen macht.
Erster Bürger	Ja, die Großen haben 's leicht,
	wenn die eine nicht mehr reicht,
	dann zur andern sie halt wandern.
	Unsereins hat alle Tage
	mit der Gleichen seine Plage.
Dritter Bürger	Ich bin froh an meiner Alten,
	solang die zu mir will halten.
	Frauen müssen sein solide,
	halt gar nicht so viel von Liebe,
	wenn sie fest nur gegen Diebe.
Zweiter Bürger	Ja, ja, so, so!
	Auch an meiner bin ich froh,
	und wenn ich hier sitz beim Glas
	und mich mit der Sach' befass,
	macht sie mir sogar noch Spaß.

Cäsar bittet Crassus um Geld

Erzähler	Crassus war der reichste Mann.
	Reiche man oft brauchen kann,
	wenn man selber arm ist dran.
	Darum sprach ihn Cäsar an.
Cäsar	(in Crassus' Haus)
	Crassus, Freund, reich mir die Hand,
	ich geh fort, in spanisch Land,
	um die Städte dort zu halten
	und für Rom sie zu verwalten!
	Leider liegt noch was dazwischen:
	Müsst' den Gläubigern entwischen,
	die mich halten gar zu fest,
	dabei gab ich längst den Rest.

43

Hab' gehalten große Spiele,
hab' jetzt Gläubiger sehr viele.
Wollen mich nicht gehen lassen,
eh gefüllt sind ihre Kassen.
Jetzt komm mit der Bitte schwer
ich zu dir, mein Crassus, her...

Crassus
Ich versteh, doch setz dich erst!
Schenk dir ein vom süßen Wein!
Die Geschäfte müssen sein.
Ich weiß wohl was du begehrst.

Cäsar
(zuerst erleichtert, dann wieder bedenklich)
Doch es ist kein Kinderspiel,
denn der Gläubiger sind viel.

Crassus
So viel werd' ich dir auslegen,
wie viel du mir hilfst im Leben.

Cäsar
Was verlangst du denn von mir?
Sofort werd' ich 's geben dir.

Crassus
Den Pompeius, diesen Herrn,
seh' ich so groß gar nicht gern.
Wie du weißt, ist er mein Feind,
da wir doch fast gleich an Macht,
Tag für Tag er mächt'ger scheint,
längst hab' ich schon den Verdacht,
dass der gegen mich was macht.
Erst die Waage wär' gerade,
wenn du trätst in meine Schal'
und träfest für mich die Wahl.

Cäsar
Halt 's geheim,
dann bin ich dein!
Wie viel kannst du mir nun geben,
um zu nützen mir im Leben?

Crassus
Anders frag! Wie viel brauchst du?

Cäsar
Wenn dreitausend du mir gibst,
dann den Cäsar du sehr liebst

	und hast endlich vor ihm Ruh'.
Crassus	Bin nicht Krösus, sondern Crassus.
	An die tausend sollst du haben,
	und wir immer uns vertragen,
	wenn du immer weißt wofür
	ich lieh diese tausend dir.
Cäsar	Ich hoff' bloß, es wird genügen,
	um die Schlimmsten zu befrieden.
	...Und, mein Crassus, Dank dafür!
	Will es wiedergeben dir,
	wenn aus der Provinz ich komme,
	reich geworden in der Sonne.

Cäsar verwaltet die Provinz Spanien

Erzähler	Cäsar zog mit einem Heer,
	das gerüstet waffen-schwer,
	über Berg' und Täler hin;
	Spanien hatte er im Sinn.
	Auf den schmalen Alpenpfaden
	holpern hin des Trosses Wagen,
	Gipfel ragen in den Himmel,
	schäumend stürzt der Wasserfall
	und der Bergbach rauscht zu Tal.
	Kurz nur tritt der wilde Schimmel,
	Cäsars Pferd, auf steilem Weg.
	Leider fehlte oft ein Steg
	übern Bach und übern Fluss;
	was hier machte viel Verdruss.
	Auch durch Dörfer zogen sie,
	wo, vor aller Welt verborgen,
	lebten Menschen, die die Sorgen
	wilden Streites kannten nie.

Friedlich lebten sie vom Vieh,
aßen Brot und Milch dazu,
fette Milch von ihrer Kuh,
wollten nichts als ihre Ruh.
Staunend, in Gedanken schwer,
blickten nach dem Römerheer
Menschen, die dem Aug' nicht trauten,
als sie diesen Zug erschauten.
Auch die Römer dachten nach
übers Leben ohne Krach.

Markus *(zu Cäsar)*
Glaubst du, es gibt hier auch Streit,
wie in Rom, um Amt und Orden?
Kennen die wohl solche Sorgen
und wie wir den Kampf und Neid?

Cäsar
Wer nicht kennt die Macht, das Licht,
der begehrt sie wohl auch nicht.
Weil im Dunkeln diese leben,
drum nicht nach dem Licht sie streben.

Markus
Glaubst du so steht es um die,
deshalb sind zufrieden sie
mit dem Brot, mit Milch und Vieh,
weil sie sahen Reichtum nie?

Cäsar
Würdest du hier Gold herbringen,
glaub 's, sogleich begänn das Ringen,
und zerstört wär' hier der Frieden,
würdest machen sie zu Dieben,
- keiner wäre mehr zufrieden.

Markus
Ja, da magst im Recht du sein,
Geld wirkt ähnlich wie der Wein.
Wen der Rausch einmal erfasst,
dem wird beides bald zur Last.
Doch so wie es mit der Pracht,
steht es wohl auch mit der Macht.

	Könntest du hier oben leben

Cäsar

Könntest du hier oben leben
und verzichten auf das Streben?
Wenn ich hier der Erste wär',
fiel dies Leben mir nicht schwer,
doch da ich nun leb in Rom,
muss ich sitzen auf dem Thron.

Erzähler

Spanien ist ein schönes Land
mit viel Sonne, Sand und Strand.
In den Gärten blüh'n Zitronen,
Früchte hier den Anbau lohnen.
Doch die Stämme sind ganz wild,
kennen Sitten gar nicht mild.
Streng muss der die Zügel halten,
der dies Land hier will verwalten.
Im Palaste der Regierung
übernimmt ein Mann die Führung,
der 's versteht, sich durchzusetzen,
der erregt bald dort Entsetzen,
wo herrscht schlimme Schlamperei,
denn mit der ist 's jetzt vorbei.

Cäsar

(zu den Freunden)
Den Befehlen folgt genau,
da ich hier auf Ordnung bau.
Eh das Land ich kann regieren,
muss ich viele Kriege führen.
Es gedeiht hier nur Kultur,
wenn entweichen die Barbaren.
Das sind Freunde der Natur
und schon immer sie es waren.
Diese müssen wir verjagen,
weil sie uns nur schaffen Plagen.
(zu Quintus)

	Dir, mein Quintus, trag ich auf,
	wirb mir an ein Heer Soldaten,
	das bereit zu großen Taten.
	Führe es im Dauerlauf
	und mit Ross und Waffen schwer
	hier zu Cäsar, zu mir, her.
	An die Küste dort hinauf
	will ich selber es dann führen.
	Lusitaner lass ich 's spüren,
	dass jetzt weht ein herber Wind,
	dass ein Mann herrscht und kein Kind.
Quintus	Alles klar,
	ich geh, Cäsar!
Cäsar	(zu Brutus)
	Brutus, dir wird jetzt befohlen,
	den Verwalter herzuholen,
	den man stellte auf als Hüter
	über Häuser, Gärten, Güter,
	denn mit dieser Schlamperei
	ist 's hier allemal vorbei.
	Der wird heute noch entlassen.
	Cäsar lässt nicht mit sich spaßen.
Brutus	Ich pack ihn in deinem Namen,
	dass ihm nur noch bleibt das Amen.
Cäsar	(zu Markus)
	Markus, du bleibst hier bei mir,
	ich muss jetzt erklären dir,
	wie verteilen wir die Steuern,
	wie zum Schaffen wir anfeuern,
	wie die Schulden man soll tilgen
	und was neu ich hier will bilden.
Markus	Ja, erklär, damit ich weiß,
	wie verdien ich einen Preis!
Cäsar	(zu Antonius)

48

| | Erst zu dir noch, mein Anton. |
| |--------------------------------|

Erst zu dir noch, mein Anton.
Hole dadurch dir den Lohn,
dass du bringst von allen Städten
Männer zu mir aus den Räten.
Diese muss ich jetzt befrieden,
da sie ständig sich bekriegen
und dadurch nur Unruh' schaffen.
Schweigen müssen hier die Waffen,
wollen wir den Feind besiegen.

Antonius

Cäsar, du bist hier der Meister,
sollst auch lenken alle Geister.

Cäsar

Dieses Land braucht eine Kur.
Von den Reichen kann man zehren,
Arme selber nur begehren.
Erst die Kur und dann die Schur,
so, mein Freund, denkt Cäsar nur.

Erzähler

Volk um Volk bezwang Cäsar,
bis am Ozean er war.
Er verwaltet dieses Land
mit viel Glück, auch mit Verstand.
Fest an Rom er Spanien band.
Blühend ließ er es zurück,
Land und Mann empfanden Glück,
denn auch er war reich geworden,
da er väterlich tat sorgen.
Auch verdiente er sich Orden
bei dem Heer, das liebt' ihn sehr,
das erhob den Mann im Chor
zu des Heers Imperator.

Bewerbung um das Konsulat

Als nach Rom er kam zurück,
durft' nicht feiern er sein Glück,
denn er wollt' auch Konsul werden,
und Triumph und Konsulat
ließ nicht zu der Römerstaat.
Der, der wollte sich bewerben,
musste in der Stadt dies tun,
doch musst vor der Stadt der ruh'n,
der Triumphe halten wollte.
Cäsar dem Gesetze grollte,
schickte Freunde in die Stadt,
um zu reden beim Senat.

Markus *(vor dem Senat)*
Cäsar schickt uns zu euch her,
da ja bleiben muss das Heer
und der Triumphator drauß',
wie es will das Hohe Haus.
Doch will Cäsar sich jetzt auch
um das Konsulamt bewerben.
Lasset ab vom alten Brauch,
der ihm dieses will verderben!

Cato Wenn ihr dieses zulasst, Väter,
werdet ihr 's bereuen später.
Wenn ihr selber hier verletzt
dieses altbewährt' Gesetz,
dann nehmt ihr ihm ab die Ketten,
die euch jetzt noch vor ihm retten.
Kümmert es denn euch gar nicht,
dass der Mann Gesetze bricht.
Denkt doch mal an eure Pflicht.
Ihr seid dieses Staates Stützen,
ihr müsst diesen Staat beschützen,

dass nicht irgendeiner frei
übt hier aus die Tyrannei.
Stück um Stück nimmt er euch Rechte
und am Ende seid ihr Knechte.
Wacht aus eurem Schlafe auf
hindert den Tyrannenlauf.
Zeigt ihm, dass auch der Senat
stark genug ist für die Tat.
Habt ihr Angst, fehlt euch der Mut,
dass ein jeder von euch ruht
und schaut zu, was Cäsar tut?
Dieses ich hier prophezei':
Mit euch ist es bald vorbei!
Hört doch nur auf das Geschrei.

Volk   *(ruft im Chor)*
Man schlägt euch die Schädel ein,
lasst ihr nicht den Cäsar rein.

Cicero   *(zum Senat)*
Väter, ihr wisst, was ihr tut,
mag euch lenken euer Mut.
Es soll heben jetzt die Hand,
wer mit dem Gesetz verwandt.
(Die Mehrheit hebt die Hand.)

Cicero   *(zu Cäsars Freunden)*
Teilt ihm mit, dass der Senat
schützt das Recht und auch den Staat.

Erzähler   Hin zu Cäsar sie jetzt eilen
und ihm den Beschluss mitteilen.
Dieser ist nicht schlecht erbost,
doch er gar nicht lange lost,
ob Triumph, ob Konsulat
er will setzen in die Tat.

Er lässt fahren den Triumph
und spielt aus den bessern Trumpf.
Jetzt darf er auch in die Stadt.
Hört, was er zuerst vorhat!

Cäsar

(zu Pompeius und Crassus)
Ihr, ihr beiden müsst euch leiden,
dann wir drei in Rom entscheiden.
Nichts die Feindschaft euch doch bringt,
als dass euch hier nichts gelingt.
Tut die Kräfte ihr zusammen,
könnt das Höchste ihr erlangen.
Dumm ist euer Streit, ihr zwei,
gebt die Hand euch, Schluss, vorbei!

Pompeius

(zu Crassus)
Crassus, wollen wir es wagen,
dass in unsern alten Tagen
wir uns wieder mal vertragen?

Crassus

(zu Cäsar)
Cäsar komm du in die Mitte
und besiegle diesen Bund,
sollst im Bund sein auch der Dritte,
dass er fest und recht gesund.
(Pompeius und Crassus geben sich die Hand.
Cäsar tritt in die Mitte.)

Cäsar

Hier hätt' ich gleich eine Bitte.
Ich ersteb' das Konsulat
und der Tag der Wahl schon naht.
Auf euch kann ich mich doch stützen?
Ihr, ihr werdet mir doch nützen?

Pompeius

(zu Cäsar)
Der Pompeius ist bekannt,
dass er leiht dem Freund die Hand.

Crassus

(zu Cäsar)

	Mit dem Crassus rechne fest,
	dann auf festem Grund du stehst.
Cäsar	Damit wär wohl alles klar,
	was es vorher ja nicht war!

Cäsar ist Konsul

Erzähler	Cäsar freilich wurd' erwählt,
	da das Volk zu Cäsar hält.
	Und die beiden mächt'gen Männer
	setzten auch auf diesen Renner.
	Sein Kolleg' war Bibulus
	zu des Bibulus Verdruss,
	denn der durfte gar nichts sagen,
	hatte nur recht viel zu klagen.
	In dem weißen Togenkleid
	mit dem schönen Purpursaum
	trieb es Cäsar wieder weit,
	konnte er doch bremsen kaum.
	Hört nun was der Konsul meint,
	was für richtig ihm erscheint,
	welchen Standpunkt er vertrat
	vor dem würdigen Senat!
Cäsar	*(vor dem Senat)*
	Hört, ihr Väter, den Vorschlag,
	den ich mache dem Senat,
	um zu heben manche Plag':
	Ländereien gibt es viel
	und viel Arme gibt 's in Rom.
	Nun, ihr Väter, wär' mein Ziel,
	dass man Rom vor Armen schon'
	und verteil' die Länderei
	unter diese Armen frei.

53

(Murren im ganzen Senat)
Ich weiß, dass ich euch bewege,
wenn ich für das Volk hier rede.
Könnt ihr euch denn nicht erbarmen
für das Elend dieser Armen,
die schon lange darauf warten,
anzusäen einen Garten?
Wollt ihr lang noch mit ansehen,
dass in Rom sie herumstehen
und an ihren Daumen drehen?
Oh ihr harten, reichen Männer
habt kein Herz für diese Leute,
seht in ihnen nur die Meute,
da ihr seid nicht Menschenkenner.

Catullus   Währest du selbst Volkstribun
wär' der Antrag frech und dumm,
doch da du bist Konsul nun,
scheint die Sache mir gar krumm.
Freilich, du bist ja bekannt,
dass du mit dem Volk verwandt.
Du, du kennst den Pöbel nicht,
wenn du schenken willst ihm schlicht,
Gut, das diesem Staat gehört.
Dies die Besten doch empört,
denn sie wissen es genau:
Nie und nimmer Schlechten trau'!
Schenk dem Pöbel alles her,
keiner hat 's am Ende mehr.
Stets und immer ist er leer,
denn es fällt ihm viel zu schwer,
etwas fest für sich zu halten
oder Güter zu verwalten.
Diese Menschen sind 's nicht wert,
dass durch Schenken man sie ehrt,

da sie nie das Prassen lassen,
immer leer sind ihre Kassen.
Gib Talente ihnen hundert,
niemand hier von uns sich wundert,
wenn sie 's morgen nicht mehr haben,
denn sie können es nicht tragen.
(Beifall des ganzen Senats.)

Cato
(zu Cäsar)
Und das weißt auch du genau,
deshalb ich dir sehr misstrau',
wenn du solch Erbarmen zeigst.
Du dein Spiel nur mit uns treibst.
Dieses, Cäsar, ich durchschau'.

Cäsar
(empört)
Ihr treibt mich zum Volke hin,
wenn so hart ist euer Sinn.
(Er stürzt hinaus.
Crassus und Pompeius folgen ihm.)

Volk
(jubelt im Chor)
Cäsar, du, lass es nicht zu,
dass dem Volke man was tu!

Cäsar
(hebt die Hand. Das Volk beruhigt sich.
Er nimmt Pompeius auf die eine,
Crassus auf die andere Seite.)
Vor dem ganzen Volke hier
frage ich euch zwei, ihr Beden,
wollt für meinen Vorschlag ihr
eure Stimme mir hier geben?

Crassus
Für das Volk und für Cäsar
lasse ich mein Haar sogar,
denn für sie ich immer war.

Pompeius
Meine Stimme hast du auch,
wenn du füllen willst den Bauch

	dieses Volkes, dieser Massen,
	mag auch der Senat mich hassen.
	(Das Volk tobt und jubelt.)
Cäsar	*(zu Pompeius und Crassus)*
	Dann ihr edlen Männer zwei
	stehet mir, dem Cäsar, bei,
	diesen Antrag durchzusetzen
	gegen des Senates Hetzen.
Pompeius	Nicht nur ich ein Schwert mit bring',
	sondern einen Schild dazu,
	wenn ich gegen jene ring,
	die dir lassen keine Ruh'.
	(Das Volk klatscht Beifall. Die Senatoren,
	die aus dem Ratsgebäude getreten sind,
	blicken sich verwundert an.)
Catullus	*(zu Cato)*
	Der Pompeius, schau ihn an,
	war der nicht einst unser Mann?
Cato	Der weiß wohl nicht was er tut,
	schürt jetzt die Tyrannenglut.
	Vor den Kopf stößt er uns alle,
	baut sich seine eigne Falle.
	Den Senat hat er verraten.
	Blind ist er für seine Taten.
Cicero	*(zu Catullus und Cato)*
	Wenn zu Waffen sie erst greifen,
	um ihr Ziel hier zu erreichen,
	dann ist hier im Römerstaat
	auch verloren der Senat.
	Wenn das Recht weicht der Gewalt,
	herrschen die Tyrannen bald.

Frauen im Machtintrigenspiel

Erzähler	Oft vermag die Frau gar viel
	in dem Macht-Intrigenspiel,
	denn die Frau ist ja bekannt,
	dass sie wirkt so wie ein Band,
	wenn durch sie man wird verwandt.
	Dieses wusste Cäsar auch
	und macht nun davon Gebrauch.

Abend ist es jetzt in Rom,
manche Leute schlafen schon,
doch in Cäsars trautem Heim
liegen Männer noch beim Wein.
Hier wird Wichtiges beraten
über int'ressante Taten.
(Cäsar, Pompeius und Piso liegen beim Mahl.)

Pompeius *(hebt sein Glas)*
Selten trank so guten Wein
ich im trauten Fackelschein.

Piso
Cäsar ist fürwahr ein Wirt,
bei dem man nie trocken wird.
Ja, er bietet seinen Gästen
stets vom Weine, von dem besten.

Pompeius
Und zu diesem süßen Wein
schmeckt auch königlich das Schwein,
dessen würzig-warmer Duft
hier erfüllt die ganze Luft.

Cäsar
Lasset, Freunde, nun das Loben,
nehmt auch von den Früchten Proben.
Lasst wohl schmecken euch den Schmaus,
denn nicht arm ist dieses Haus,

Pompeius	- wenn vom Essen man nur spricht.
	Du hast Recht, es fehlt das Licht
	und die Wärme einer Frau,
	der das Haus man anvertrau'.
	Ich such lange schon nach der,
	die auch mir das Herz macht schwer.
	Dir blieb noch ein Töchterchen,
	die das Haus dir ordnet schön,
	- meines ist nun gänzlich leer.
Cäsar	Freund, ein Mann begehrt halt mehr.
Piso	Da fehlt 's meinem Hause nicht.
	Habe Töchter und ein Weib,
	finde kaum für mich noch Zeit,
	- fast schon blendet mich das Licht.
Cäsar	Wird zu schwer dir dies Gewicht,
	lass dir helfen, es zu tragen.
	Ich mein' die Calpurnia,
	die ich gestern wieder sah,
	wollte ich schon gerne haben.
Piso	Du weißt wohl, die ist vergeben,
	doch man könnte drüber reden,
	wenn du mir willst etwas geben,
	was auch mir gereicht zum Segen.
	- Ich denk da ans Konsulat.
Cäsar	Schon beschlossen ist die Tat.
	Ich will dich zum Konsul machen,
	wenn Calpurnia mir wird lachen.
Piso	Cäsar, das ist abgemacht:
	wer zum Konsul Piso macht,
	dem auch seine Tochter lacht.
Pompeius	*(zu Cäsar)*
	Deine Tochter Julia,
	ich sie auch sehr gerne sah.
	Wollte sorgen für ihr Brot,

	wär' auch die nicht schon verlobt.
Cäsar	Da hat es nun keine Not,
	denn Pompeius, der geht vor,
	wenn der öffnet mir ein Tor.
Pompeius	Darauf darfst du sicher bauen,
	dem Pompeius kannst du trauen.
	Julia soll sein ein Band,
	das uns beide macht verwandt.
	Morgen schon schick ich Soldaten,
	die beschützen deine Taten.
Cäsar	Du weißt wohl was ich begehr:
	Ich wünsch' mir ein großes Heer,
	mit dem dann in Gallien
	Cäsar kann sein Schicksal dreh'n.
	Dass fünf Jahr' ich dort kann bleiben,
	das musst du mir unterschreiben.
Pompeius	Das ist eine Kleinigkeit.
	Für die bin ich stets bereit.
Cäsar	Dann lasst uns das Glas erheben,
	lasst uns hoch die Frauen leben!
Erzähler	Bald schon gab es Hochzeitsfeste;
	glänzend-prächtig waren sie,
	und zuvor man sah es nie,
	dass geladen so viel Gäste,
	die bewirtet auf das Beste.
	Cäsar ließ man leben hoch,
	da er gab den Anlass doch.
	Er hat auch das Volk geladen,
	um zu füllen dessen Magen,
	drum hat sich 's mit ihm vertragen.

Debatte im Senat

Erzähler	Vom Senat verlangte er Zugeständnisse recht schwer, die nicht gerne man ihm gab. Man sah wohl das eig'ne Grab.
Cäsar	*(zum Senat)* Väter, es ist an der Zeit, dass ihr werdet mal gescheit, dass ihr zustimmt meinen Plänen, oder ihr vergießet Tränen, weil ihr es so haben wollt, dass der Cäsar euch jetzt grollt. Dass die Länder man verteile, will betreiben ich mit Eile. *(Murren beim ganzen Senat.)* Zweitens wollte ich hier sagen: Piso wird nach meinen Tagen hier im Staate Konsul werden. Er soll meine Stelle erben.
Cato	*(unterbricht ihn)* Väter, hört euch das mit an, was beginnt mit uns der Mann? Könnt ihr selber es ertragen, ohne Cäsar anzuklagen, dass durch Weiber er vermacht die Provinzen, Ämter, Macht. Diesen Staat man doch verlacht, wenn hier das Gesetz nicht zählt, wenn von Weibern und vom Geld wird regiert die ganze Welt. Soviel ist das Weib ihm wert, dass, weil er das Weib begehrt,

er euch, den Senat, entehrt...
(Murmeln der Senatoren.)

Cäsar *(unterbricht ihn)*
Liktoren, führt den Mann hier ab,
seine Reden hab' ich satt!
*(Die Liktoren zögern zuerst, doch folgen sie
schließlich dem Befehl des Konsuls.
Cato lässt sich schweigend abführen.
Die Senatoren wollen aufstehen und gehen.)*
Bleibt noch einen Augenblick,
denn es fehlt das dritte Stück.
Gallien möcht' ich verwalten,
auf fünf Jahr' will ich 's behalten,
und dass sich die Sach' wird lohnen,
dazu auch noch vier Legionen.
*(Pompeius' Truppen marschieren
vor dem Ratsgebäude auf.)*
Dieses, Väter, sind Legionen,
die euch werden gern verschonen,
wenn ihr nur vernünftig seid
und es treibt nicht gar zu weit.
*(Die Senatoren setzen sich wieder
auf ihre Plätze.)*
Jetzt erhebe der die Hand,
der mit Cäsar ist verwandt.
(Eine knappe Mehrheit hebt die Hand.)
Ich seh' schon, ihr habt Verstand.
Nun dürft ihr den Saal verlassen,
denn ihr sollt nicht Cäsar hassen.
(Die Senatoren verlassen bedrückt den Saal.)
(vertraulich zu einem der Liktoren)
Hört, den Cato lasst mir frei!
Es verstummte das Geschrei,

als den Mann ihr habt geführt
an dem Volke dort vorbei.
Dieses Bild hat sie gerührt.
Cato ist ein Ehrenmann,
ihn klag ich nicht gerne an.
Ich würd' schüren nur den Brand.
Seine Tugend ist bekannt.
Und wer ihn zum Feind sich macht,
auf den fällt auch leicht Verdacht.
(Der Liktor geht.
Cäsar bleibt mit Pompeius allein im Saal.)
(zu Pompeius)
Dir, Pompeius, muss ich danken,
dass du deines Heeres Pranken
in genau der rechten Zeit
dem Senate hast gezeigt.
Du musst weiter für mich stehen,
dann kann ich in Ruhe gehen.
Cicero, der ist verbannt,
Cato nur zeigt festen Stand.
Sorg', dass er nichts unternimmt
oder dass ihm nichts gelingt,
was er gegen mich auch spinnt,
wenn in Gallien ich bin.
Du kennst seinen starren Sinn.
Man zerbricht ihn nicht so leicht.
Der Gewalt nur Cato weicht.

Pompeius   Unbesorgt, Cäsar, geh hin,
denke, dass ich auch noch bin!

Aufstand der Helvetier

Erzähler	Rau und wild ist Gallien,
	reich an Sümpfen und an Seen,
	kriegerisch sind hier die Sitten,
	unter denen Römer litten,
	die schon Feineres gewohnt,
	da in Rom man sich ja schont.
	Wilden Mut und Tapferkeit
	zeigen Stämme weit und breit.
	Wer die Völker will besiegen,
	darf nicht scheuen, sich in Kriegen
	mit den Scharen hier zu messen,
	die von Wildheit sind besessen.
	Cäsar aber war ein Mann,
	der gern kühne Sach' begann.
	Trotzig reitet er voran,
	und führt die Legionen an,
	denn zum nächsten Lager er
	will hinführen jetzt das Heer.
Bote	*(sprengt auf einem Pferd heran)*
	Cäsar, Cäsar schlimme Mär!
Cäsar	Schlimm ist nichts, doch gib sie her!
Bote	*(aufgeregt)*
	Die Helvetier, du weißt,
	deren Tapferkeit man preist,
	haben, was noch nie geschah,
	ihre Dörfer angezunden,
	schlugen selber sich die Wunden.
	Ich mir diesen Brand besah.
	In dem Lande, ungeheuer,
	lodern Brände, frisst das Feuer
	alles, alles frisst es auf,

63

denn man schürt noch seinen Lauf.

Cäsar

Was soll diese dumme Tat?

Kennst den Plan du, ihren Rat?

Bote

Feldherr, ja, ich hab erfahren,
dass zufrieden sie nicht waren,
mit dem Boden und dem Land,
das von Bergen eingeschlossen,
sie schon lange hat verdrossen,
deshalb legten sie den Brand.
Lang schon hegten sie den Plan,
- man mag halten ihn für Wahn -
aus dem Lande auszuwandern,
wegzunehmen eins von andern,
das viel reicher Früchte bringt.
Dies, so glauben sie, gelingt,
da von allen Völkern sie
noch geschlagen wurden nie.
Jetzt mit Frauen, Kind und Wagen
ziehen sie, gar schwer beladen,
hier, nach Gallien herein;
hoffen, hier wird 's schöner sein.

Cäsar

Fluch! Das fehlt mir grade noch,
dass sie lassen dort ein Loch,
in das bald Germanen drängen,
die ja überall hinrennen,
wenn sie es nur mal gerochen,
dass der Widerstand gebrochen.

Bote

Es kommt da noch was dazu,
diesen schlossen sich im Nu
auch die Tiguriner an.
Die befiel der gleiche Wahn.

Cäsar

Wie die Kimbern und Teutonen
werden sie uns nicht verschonen.
Cäsar, ich, will dafür sorgen,

	dass sie nicht mehr wandern morgen.
	Bringt mir den Labienus her,
	habe einen Auftrag schwer!
Labienus	*(kommt heran)*
	Cäsar, du ließest mich rufen,
	weil die Völker Unruh' schufen.
	Stets zu Diensten steh ich dir,
	gib nur einen Auftrag mir!
Cäsar	Völker zwei sind ausgerissen,
	überschwemmen jetzt gleich Flüssen
	mir mein schönes Gallierland.
	Ich will halten ihnen stand,
	eh sie schüren Völkerbrand.
	Zu den Tigurinern du
	musst gleich eilen ohne Ruh!
	Werfe mir dies Völkchen nieder,
	dass vergessen sie nie wieder:
	Römer sind die Herrn im Land.
	Lass sie spüren Römerhand.
	Nimm mit dir auch zwei Legionen,
	sollst die Feinde mir nicht schonen!
Labienus	Wenn ich wieder komm zurück,
	wird erhellen sich dein Blick.
	(Labienus geht.)
Cäsar	*(zu seiner Umgebung)*
	Lasst die Zenturionen kommen,
	dass ein Plan wird gleich gesponnen,
	was wird hier jetzt unternommen.
	(Ein Spähtrupp sprengt im Galopp heran.)
Späher	*(zusammen)*
	Zieht das Schwert, eh ihr entehrt!
	Die Helvetier stürmen schon,
	hört den rauen Kriegerton!

65

Helvetier	*(die das Römerheer bestürmen)* Tod für Rom und uns den Lohn! Weichet dem Helvetierton!
Cäsar	*(zu seinen Legionen)* Auf den Hügel schnell hinauf laufet, los, im Dauerlauf! Stellt in Ordnung euch dort auf! *(Die Legionen laufen auf einen Hügel und stellen sich in Schlachtordnung auf.)*
Markus	*(der Cäsar sein Pferd zuführt)* Cäsar steig auf dieses Pferd, dass nicht leicht dich trifft ein Schwert!
Cäsar	Wenn die Fliehenden wir hetzen, brauch' ich es, um nachzusetzen, doch will ich zu Fuß beginnen, dass wir leichter sie bezwingen. *(laut zum Heer)* Wer ein Mann ist, zeig' es jetzt, indem er den Feind zerfetzt.
Tuba	Tätä tätä tätä! Tätä tätä tätä! *(Die Heere geraten aneinander. Es beginnt ein hartes Ringen.)*
Römer	*(zu seinem Gegner)* Dies, mein Feind, dies merke dir: Gut, das sind alleine wir und die Bösen, das seid ihr. Nimm den Hieb und den und den!
Helvetier	Nehmen find ich gar nicht schön. Römerbrut fürcht meine Wut!
Römer	Deine Wut mir ja nichts tut. Sei vor mir du auf der Hut!
Helvetier	Wart, ich schlage dich entzwei!
Römer	Dann beeil dich eh du Brei! Deine Schläge sind recht zahm,

	bist du Schwächling schon zu lahm?
Helvetier	Nicht so viel im Köpfchen kram!
	Hier, mein Speer, der sagt dir mehr.
	(Stößt dem Römer den Speer in
	die Schulter.)
Römer	Glaubst du mich getroffen schwer,
	kennst du nicht des Römers Ehr'.
	(Reißt sich den Speer aus der Schulter
	und stößt ihn dem Helvetier in den Schenkel.)
	Nimm das Eisen hier zurück,
	dir gehört das alte Stück.
	(Der Helvetier bricht zusammen.)
Helvetier	*(am Boden liegend)*
	Stich doch zu du Römerschwein,
	denn jetzt ist die Mühe klein!
Römer	Glaubst du, dass mein Schwert dich ehrt?
	Nimm dein Leben, pack es ein,
	mir scheint diese Tat zu klein!
Helvetier	Dann muss ich es dir halt schenken,
	denn du Hund sollst mich nicht kränken.
	(Stößt sich das Schwert in die Brust.)
Römer	Fällt dir denn nichts andres ein,
	als nur immer „Hund" und „Schwein"?
	(Die Römer drängen die Helvetier zurück.)
Cäsar	*(zum Heer)*
	Stürmt die Wagenburg, ihr Mannen,
	dass zum Siege wir gelangen!
	(zu Markus)
	Solch ein zäher Widerstand
	war bis jetzt mir nicht bekannt.
Markus	Ja, die Kinder und die Frauen
	sich sogar zum Kampf aufbauen.

	Keiner gibt von denen auf,

Keiner gibt von denen auf,
jeder nimmt den Tod in Kauf.
Mitternacht ist schon vorbei,
bald verstummt ihr Schlachtgeschrei.
Frauen töten ihre Kinder,
lassen uns nicht mal die Rinder.

Cäsar

(zum Heer)
Nehmt gefangen jetzt den Haufen
und die Fliehenden lasst laufen!
Bringt die Führer zu mir her,
dass ich diese mal bekehr.
*(Nach einiger Zeit bringen römische Soldaten
die gefangenen Führer der Helvetier.)*
(zu den Helvetiern)
Habt nun endlich ihr genug!
Seid geworden ihr jetzt klug!
Wenn ihr nun vernünftig seid,
soll geschehen euch kein Leid.
Ihr selbst triebt es ja so weit.
Hört, wozu ich bin bereit:
Ihr Helvetier seid frei,
ich vergess' die Keilerei,
wenn das Land ihr wieder sucht,
das gab Anlass zu der Flucht.
Baut die Felder wieder an,
lasset ab von eurem Wahn!
Auch die Dörfer gründet wieder,
die ihr branntet sinnlos nieder,
denn so will ich es, der Sieger!

Helvetier

(zueinander)
Bleibt uns eine andre Wahl
nach so vieler, böser Qual?
Feinde sind jetzt überall
und geschwächt hat uns der Krieg.

Friede muss jetzt sein uns lieb.
Soll der Stamm nicht ganz verderben,
soll das Blut erneuert werden,
das hier fließt auf dieser Erden,
müssen wir dem Römer weichen
und vergessen diese Leichen.
Der Besiegte darf nicht trotzen,
darf nicht mit den Kräften protzen.
Wenn aufs Neu' er wachsen will,
muss verhalten er sich still.
Er muss sich dem Sieger beugen
und muss sich ihm willig zeigen.
Dies nur bringt das End' der Leiden.
(zu Cäsar)
Also kehren wir zurück,
da verschmähte uns das Glück.

Cäsar

Euer Schirmherr werd' ich sein,
dass ihr seid nicht ganz allein
gegen fremde Völkerscharen,
die euch feindlich ja stets waren
und euch sehen jetzt so klein.
Cäsar wird schon dafür sorgen,
dass ihr leben könnt auch morgen.
Nur die Römer achtet mir,
denn das sind die Herren hier!
(Die Helvetier gehen mit gesenkten Köpfen.)

Bote

(sprengt heran)
Sieg erfocht Labienus' Heer,
in der Schlacht, die war sehr schwer,
doch ist 's endlich ihm gelungen,
dass die Feinde er bezwungen.
Rom trug einen Sieg davon,
wie gewohnt wir sind es schon.

69

Tiguriner liegen nieder,
werden stehen nie mehr wieder.
Cäsar, dir entging das Bild,
wie Labienus mit dem Schild
gleich dem Löwen er brach ein
in der Feinde dichte Reih'n.
Römertugend siegte dort,
wo Labienus hielt den Ort.
Anders nicht, so scheint es mir,
ging 's den Römern auch bei dir.

Cäsar   Gute Mär bringst du daher
sollst auch gehen aus nicht leer,
denn es schenkt ja gerne der,
der an seinem Glück trägt schwer.
Zwei Talente sollst du haben,
dass du stellen kannst den Kragen.
Wer dem Cäsar Glück beschert,
wird von Cäsar auch geehrt.
(Der Bote strahlt.)
(zu den Soldaten)
Sieger, euch geb' ich das Beste.
Kommt heran, seid meine Gäste!
*(Die Soldaten drängen sich um Cäsar
und beglückwünschen ihn.)*

Gespräch der Soldaten über die Germanen

Erzähler   Kurz nach dem Helvetiersieg
wünschte Cäsar neuen Krieg.
Gallien sah er bedroht
von Germanenkriegerscharen,
die stets feindlich Gallien waren.
Cäsar sah das Land in Not,
deshalb dachte er daran,

70

	präventiv zu greifen an.
	Nur dann, wenn die Drohung weicht,
	wird es dem Bedrohten leicht.
	Hört was man im Lager meint
	über 'n Feldherrn und den Feind!
Erster Soldat	*(zu zwei Kameraden)*
	Das weiß ich jetzt ganz gewiss,
	diese Sach' hat einen Riss.
	Der hat uns hierher gezogen,
	dass wir mit Germanen proben,
	ob mit Recht man soll uns loben.
Zweiter Soldat	Was, Germanen greift der an,
	was kein Römer noch getan?
Dritter Soldat	Ja, ich hab es auch vernommen,
	deshalb bin ich so beklommen.
	Mit den Galliern, - das geht.
	Anders hier die Sache steht.
	Wenn ich diese Wilden seh',
	ich vor Angst schon fast zergeh'.
	Aber Cäsar, der will 's wagen,
	denn er kann es nicht ertragen,
	dass am Grenzsaum sie sich drängen,
	ab und zu herüber rennen
	und sich das hinüber holen,
	was in Gallien sie gestohlen.
Erster Soldat	Auch die haben einen Mann,
	der die Krieger führen kann.
	Wird Ariovist genannt,
	ist berühmt im ganzen Land.
Zweiter Soldat	Kann ich mich da recht entsinnen,
	gegen den will er beginnen,
	den er Freund der Römer nannte,
	eh auf diesen Krieg er brannte.

Dritter Soldat	Auch der sammelt jetzt die Krieger,
	da er kommen will herüber.
	Spottet, dass er uns ringt nieder.
Zweiter Soldat	Male, male, das sind Sachen,
	schwerlich kann man drüber lachen.
Erster Soldat	Ja, wer hätt' an Kampf gedacht,
	als man uns hierher gebracht?
	Nimmer wär' ich mitgezogen,
	hätt' in Rom man nicht gelogen
	von dem Ruhm, von Gold und Gut.
	Man verschwieg des Feindes Wut.
	Bisher kenn' ich nur das letzte,
	obgleich uns das erste hetzte.
Zweiter Soldat	Glaub 's nicht anders ging es mir,
	bis ich sah die Wildnis hier.
	Wenn in Rom ich jetzt könnt liegen
	und dort hätte meinen Frieden ...
Dritter Soldat	Spare dir doch diese Klagen!
	Ich kann Klagen nicht ertragen.
	Jeder in dem Lager hier
	singt das gleiche Liedchen schier.
	Auch nicht anders geht es mir.

Cäsar lobt die zehnte Legion

Signalton:	Tatu tatu! Tatu tatu!
Erster Soldat	Hört das Horn! Kommt eilet hin
	zur Versammlung der Soldaten,
	wo wir hören von den Taten,
	die der Feldherr hat im Sinn.
Zweiter Soldat	Da bin ich ja mal gespannt,
	was der uns jetzt macht bekannt.
	(Die Soldaten strömen auf dem
	Lagerplatz zusammen.

Cäsar

Cäsar betritt ein Podium.)
Soldaten! Hören musst' ich das Gerücht,
dass nicht mutig man hier spricht,
wie 's im Römerlager Brauch.
Und vernehmen musst' ich auch,
dass ihr die Germanen scheut.
Männer, dies sogleich bereut!
Hierher hab' ich euch gezogen,
um die Kräfte zu erproben.
Ich will die Germanenscharen
packen an den langen Haaren.
(Ängstliches Murren unter den Soldaten.)
Habt ihr Angst, dann geht doch heim.
Sogleich seid entlassen ihr,
wenn den Dienst ihr kündigt mir
und mich lassen wollt allein.
Sind denn die Germanenscharen
schlimmer als die Kimbern waren,
die der Marius vertrieben?
Traut ihr denn nicht euren Hieben?
Glaubt ihr, dass ich schlechter bin,
als der Feldherr Marius?
Wer betäubte euren Sinn?
Machet mit der Angst jetzt Schluss.

Hab' ich Anlass je gegeben,
dass mit Recht ihr furchtsam seid!
Für euch wagte ich mein Leben.
Ihr zeigt jetzt Undankbarkeit.
Aber ich will euch nicht zwingen,
mit Germanen hier zu ringen.
Auf die zehnte der Legionen,
weiß ich, kann ich sicher bauen.

73

Die will sich nicht selber schonen,
deshalb werde ich mich trauen,
sie allein dorthin zu führen,
wo die ander'n Furcht verspüren.
(Die zehnte Legion jubelt Cäsar zu.
Die anderen beschimpfen ihre Offiziere.
Cäsar geht ins Feldherrnzelt.)

Zweiter Soldat *(zu den zwei Kameraden)*
Ihr, ihr wolltet es nicht wagen!
Ich find 's schändlich zu verzagen.
Was? Ich? Sprachst nicht vorher du davon,
dass du lieber wärst in Rom.
Und du wolltest andern Lohn.
Hast gezeigt dich unzufrieden,
da man führte uns zu Kriegen.

Zweiter Soldat Du auch hast gesagt es selbst,
dass vom Kriege du nichts hältst.
Bei der Zehnten wär' ich gern,
die steht da jetzt wie ein Stern,
da der Feldherr die nur lobt,
gegen alle andern tobt.

Dritter Soldat Kommt zu unsern Offizieren!
Diese lassen wir es spüren,
dass sie unserer Legion
machten Schande, brachten Hohn.
Sollen gleich zu ihm marschieren,
um den Cäsar zu bereden.
Lassen wir doch gern das Leben,
wenn er uns nicht länger grollt
und auch uns den Beifall zollt.

Erster Soldat Dieser Plan ist recht gescheit.
Lasst versäumen nicht viel Zeit.
Eh der wirklich geht allein,
möchte ich gern bei ihm sein,

denn dies sage ich euch ehrlich:
Cäsar, der ist unentbehrlich.

Erzähler

In dem großen Feldherrnzelt
sitzt der Cäsar grimmig gram,
weil die Leute sind so lahm
und er möchte gern die Welt.

Cäsar

(für sich)
Man dürft' freilich es nicht wagen,
mit der Zehnten ganz allein
diese Horden anzugreifen,
doch musst' ich es schließlich sagen,
um durch diesen kühnen Schein
diese andern mal zu schleifen.
Diese wissen ganz genau,
dass sie ohne mich nichts sind,
werden kommen ganz geschwind,
dass ich ihnen wieder trau'.

Abgeordneter der Zehnten Legion

(tritt ins Zelt)
Feldherr, mich man sandte her,
dir zu danken das Vertrauen,
dass du willst auf uns stets bauen,
dass du hast gelobt uns sehr.
Und aufs Neue soll ich sagen:
Uns vertrau' an allen Tagen!

Cäsar

(freundlich)
Käso heißt du, ja, ich weiß,
kenn' den Vater, diesen Greis.
Nimm von mir die Ehrenorden,
häng sie hin an euer Zeichen,
dass nie soll dem Feind es weichen,
gegen den wir kämpfen morgen.

Käso	*(stolz)*
	Dafür werden wir schon sorgen.
	Führe du uns nur die Bahn,
	auf der greifen wir ihn an.
	(Käso geht. Ein Abgeordneter der
	anderen Legionen tritt ein.)
Abgeordneter	Feldherr, mich man schickt zu dir,
	dass du auch uns andern führst,
	wohin du nur Lust verspürst.
	Dies beschlossen alle wir.
	Deinen Groll soll ich beschwicht'gen,
	der mit Recht uns wollte richten.
	Wenn wir gälten als die Feigen,
	müssten wir darunter leiden.
	Du sollst uns die Feinde zeigen
	und wir werden sie vertreiben.
Cäsar	*(misstrauisch)*
	Darf ich dieser Meinung trauen?
	Kann ich auf euch wirklich bauen?
Abgeordneter	Ich bürg' dafür mit dem Leben.
	Für die andern muss ich reden.
Cäsar	Wenn ich sehe eure Reihen,
	wie den Feind sie niederringen,
	wenn mit euch wird was gelingen,
	dann will ich euch auch verzeihen.
	Ob ich sein kann ohne Sorgen,
	werde ich erst sehen morgen,
	denn wir greifen morgen an,
	übermorgen ist 's getan.
Abgeordneter	Keiner wird sich feige zeigen,
	denn wir alle die beneiden,
	die du tapfer hast genannt.
	Auch wir wollen sein bekannt
	als die mutigsten der Krieger.

Cäsar	Durch uns sollst du werden Sieger.
	Dann geh' hin und stärk den Sinn,
	dass ich nicht alleine bin.

Ariovist befragt eine Seherin

Erzähler	Ariovist, der war erbittert,
	ja, er war sogar erschüttert,
	als er sah das Römerheer,
	wie es zog zu ihm daher.
	Bisher war er es gewohnt,
	dass Germanen greifen an,
	dass ein jeder weicht der Bahn,
	der nur werden will verschont.
	Unruh' stiftet Cäsar jetzt
	und auch Furcht im andern Lager,
	da ja Furcht erregt der Wager,
	der sein Heer zum Angriff hetzt.
	Ariovist hat grad' erfahren,
	dass schon nahen Römerscharen.
Ariovist	*(zu einem Freund)*
	Sind die Römer ganz verrückt?
	Dummheit würde ich es nennen,
	gegen Stärkere zu rennen,
	doch man gegen uns anrückt.
	Unsre tapfren Kriegerscharen,
	die so sicher sich stets waren,
	sie befällt ein übles Wanken,
	seit sie haben es erfahren,
	dass der Römer zeigt die Pranken.
	Sind wir denn Germanen nicht,
	dass es wagen darf ein Wicht
	gegen uns daher zulaufen

77

und beginnen will das Raufen.
Ich lass mich noch römisch taufen,
wenn der unser Heer zerbricht.
Lass die weisen Frauen kommen,
ich will hören was vernommen
sie aus Strudeln und aus Bächen,
ob wir sollen uns gleich rächen,
ob wir sind mit Recht beklommen.

(Der Freund holt eine Seherin.)
(zu der Seherin)
Nun, was zeigte, weise Frau,
dir die Strudelwasserschau.

Seherin — Traue du, Ariovist,
nur den Würmern in dem Mist,
trau' den Wirbeln in den Flüssen,
traue du dem Feuerregen,
die das gleiche alle reden,
nämlich, dass wir warten müssen
bis der Neumond ist gekommen
dann erst wird die Schlacht gewonnen.

Erzähler — Also ruht der Feldherr auch,
so will es Germanenbrauch,
dass der Seherin man folgt,
da ja sonst die Gottheit grollt.
Die Germanen bauen Schanzen,
um die schon bald Römer tanzen,
die der Cäsar hergeführt,
denn der hatte es gespürt,
dass die andern nicht mehr wandern,
sondern, dass sie ihn erwarten
hinter ihren Schützenscharten.
Um zu heben eig'nen Mut,

schien es Cäsar auch sehr gut,
an den Wall heran zu reiten.
Er wollt' locken sie zum Streiten,
denn er wusste es sehr gut,
dass das nur der Mut'ge tut.
Ariovist, war sehr empört,
dass so frech der Römer stört.
Sogleich fing die Schlacht er an,
denn er war ein stolzer Mann,
der nicht gern mit Schlägen geizte,
wenn man seinen Stolz nur reizte.
Aber bald musst' er erkennen,
dass durch Fliehen nur und Rennen
er sein Leben übern Rhein
konnte retten vor der Pein,
die die Römer angerichtet,
indem sie sein Heer vernichtet.
Achtzigtausend seiner Mannen
blieben vor dem Rheine hangen,
zum Teil tot und teils gefangen.
Das war ein Cäsarenstreich,
der dem Cäsar nur sah gleich.

Zwei Briefe nach Rom

Winter ist es nun geworden,
und jetzt ruht erst mal das Morden
in dem weißen Gallierland,
in dem Cäsar allbekannt,
denn die Kraft bleibt nie verborgen.
Mag auch ruhen jetzt das Heer
in den Lagern und Kastellen,
mögen starr sein Seeeswellen,

Cäsar der ruht nimmermehr.
Hin zu Po und Rubico
eilt der Mann zur Winterszeit,
denn der Cäsar ist gescheit:
holt im Winter sich die Siege
durch Geschäfte und Intrige
und im Sommer durch die Kriege.
Auch beschäftigt ihn die Liebe,
was sogleich man hören kann,
denn der Cäsar war ein Mann
der gar mancherlei begann.
Von der ganzen Reiterei
nimmt er mit nur Reiter zwei.
Die zwei Reiter, das sind Schreiber,
denen Briefe er diktiert,
denn die Zeit, die fehlt ihm leider,
dass er viel' Gespräche führt.

Cäsar

(zum ersten Schreiber)
Was ich, Schreiberling, diktiere,
nur mit schönster Hand ausführe!
„Calpurnia, mein Götterweib,
unendlich schwer wird mir die Zeit,
da du, du meines Lebens Krone,
verweilest in dem fernen Rome
und hütest dort das traute Heim.
Wie gerne wollt' ich bei dir sein,
denn hier bin ich so sehr allein."
(zum zweiten Schreiber)
Schreiber du, hör' du jetzt zu!
„Catullus, du Hyänenvieh,
lass in Rom die Hetzerei,
sonst ist 's bald mit dir vorbei.
Glaubst wohl ich ertapp dich nie

80

Täusch dich nicht, ich bin nicht weit,
Freunde hab' ich weit und breit."
(zum ersten Schreiber)
„Ach wär' hier nur die Streiterei
mit bösen Völkern schon vorbei,
ach wär' erlöst ich nur vom Kriege,
dann wollt' ich alle meine Siege
dir schenken, meiner einz'gen Liebe."
(zum zweiten Schreiber)
„Nicht um sonst führ' ich hier Kriege,
wenn ich zum Triumphe komm,
wird gehören mir ganz Rom.
Dann, du Mistkerl, ich dich kriege.
Warte nur auf deinen Lohn!"
(zum ersten Schreiber)
„Nur du bist 's, die nach Rom mich zieht.
Fühlst du mein Herz, wie sehr es liebt.
Schon oft bin ich vom Traum erwacht;
ich träumt' ich läg' an deiner Seit'.
Wie schrecklich, dass du bist so weit.
Könnt' ich nur schlafen eine Nacht
mit dir allein und wir zu zweit."
(zum zweiten Schreiber)
„Wär' ich eine Stund' in Rom,
wär' verstummt dein Hundeton.
Wenn noch eine Klag' ich höre,
glaub es mir, Catull, ich schwöre,
werd' in Rom ich sogleich sein,
schlage dir den Schädel ein.
Ich lass mir doch wegen dir
nicht den Schlaf noch rauben hier."
(zum ersten Schreiber)
„Oh du mein Schatz, Calpurnia,

81

nicht lang, dann bin ich wieder nah,
dann werden wir uns zwei genießen.
Was immer wir jetzt müssen büßen,
das büßen wir für jene Nacht,
die mich zurück nach Rom gebracht.
Verzeih, wenn ich jetzt mache Schluss,
ich tät es nie, doch Schatz, ich muss.
mit Gruß und Kuss, dein Julius!"
(zum zweiten Schreiber)
„Bald schon ist der Krieg vorbei,
dann, mein Freundchen, dann bereu'.
Mehr brauch ich dir wohl nicht sagen.
Ich werd' packen dich beim Kragen,
wenn das kommt mir wieder vor.
Cäsar, der Imperator!"

Aufstand der Belgier und Nervier

Erzähler

Als am Rubico er weilte,
wo des Cäsars ganze Kräfte
flossen in die Machtgeschäfte,
denn halb Rom fast zu ihm eilte,
schlug, so wie den Abel Kain,
eine Botschaft bei ihm ein.
Aufgestanden, hört er, seien
Belgier, um zu befreien,
wen in Ketten er gelegt.
Cäsar war gar sehr erregt,
dass ein Zwergenstamm aufsteht
und an seinem Schicksal dreht.
Und im Winter, grade jetzt,
wo das Land ist kaum besetzt,
da in Lagern die Soldaten
ruhten von den Sommertaten.

82

Keiner hatte da groß Lust,
nicht einmal die Heldenbrust
eine Winterschlacht zu liefern
zwischen tief verschneiten Kiefern.
Winter gibt es, eisig-kalt,
dort im Norden, und der Wald
schützt die Partisanenkrieger,
die im Winter wollen wieder
holen, was im Sommerkrieg
stahl der böse Römerdieb.
Cäsar gab nun diese Sache
Anlass zur Cäsarenrache,
denn er wollt' ein Beispiel geben,
dass er denen überlegen.

Sogleich an den Meeresrand,
wo das Belgervolk ja haust,
wie ein Sturm der Cäsar braust,
um mit seiner Herrscherhand
auszulöschen Völkerbrand.
Aus den Winterstandquartieren
treibt er die Legionen aus,
um dorthin sie dann zu führen,
wo die Katze frisst die Maus.

Rot färbt sich der Schnee vom Blut,
Blut der Männer, die mit Mut
wollten wieder sich erringen,
Freiheit, dieses höchste Gut,
doch es wollte nicht gelingen,
stärker war der Römer Wut.

Weithin deckten bleiche Leichen,

weiß, so wie der Glitzerschnee,
Heimatland, weil sie erreichen
konnten nichts als schlimmes Weh.
Tote auf den Toten lagen,
jeder Fluss war Totengraben.
Wieder siegte Römertugend,
da gelehrt man schon von Jugend
diesen Männern in den Schulen,
dass zum Herrschen Rom erkoren,
dass dazu sie sind geboren
um den Feldherrn stets zu buhlen.
Und zu siegen, das ist Pflicht;
Andres kennen sie gar nicht.
Wer auch immer sich erhoben,
lag bald wieder auf dem Boden
und auch viele in den Wogen,
wo in rotem Wasserblut
bald ertrank der Freiheitsmut.

Alle sagten wieder „Ja"
zu der Römer Macht im Land,
denn die Römer waren nah.
So gebot es ihr Verstand,
der das Kraftverhältnis sah
und als schwächer sich erkannt'.

Ein Volk nur, das wohlgeschützt
in den Sumpfschneewäldern sitzt,
wagt' es weiter noch zu fechten,
denn es wollt' nichts von den Rechten,
die Natur dem Freien gab,
geben bis ans eigne Grab.
Nervier, so nennt man sie,
und aufgeben die gar nie,

denn das ist ein zähes Volk,
kennt nicht Schmuck und auch nicht Gold,
nur den Kampf und harte Müh'.
Um dies Flämmchen zu ersticken
ließ bei Nerviern sich blicken
Cäsar und sein starkes Heer.
Sinken soll ihr Freiheitsspeer:
Dieses ist des Cäsars Schluss,
da sich alles beugen muss,
wohin seine Hand nur reicht.
Cäsar selber niemals weicht.
Abend will es grade werden
und der Tag, der möchte sterben,
als die Römer mit dem Spaten
führen aus grad Bauestaten.

(Drei Reiter stürmen auf Cäsar zu.)

Reiter   *(zusammen)*
Feldherr, du, es ist geschehen,
dass um uns die Feinde stehen.
Nieder liegt die Reiterei.
Sie erlag der Kämpferei,
die dadurch entstanden ist,
dass aus Wälderhinterlist
brachen Nervier hervor.
Jeder floh vor ihrem Chor,
denn zu schrecklich sind die Stimmen,
die vom Tod der Römer singen.
Nieder metzelten sie alle,
da wir hockten in der Falle.
Schon umzingelt war das Lager,
Siegeschancen waren mager.
Uns hier blieb die Flucht nur noch.

Wir entschlüpften aus dem Loch,
eh den Kessel sie geschlossen,
in dem sie das Blut vergossen
unsrer ganzen Reiterei,
denn es leben nur wir drei.

Cäsar Sauerei! Doch wie 's auch sei,
führt mich hin zur Schlachterei.
Auch die zehnte der Legionen
soll die Feinde mir nicht schonen.
eilet hin bringt ihr mein Wort,
dass sie komme an den Ort
wo sie findet mich beim Streit.
Schon verloren ist viel Zeit.
Lasst sofort zum Angriff blasen,
dass die Unsern ihre Nasen
aus den Gräben jetzt erheben,
nieder ihre Spaten legen
und zum Kampfe sich bewegen.
(zu einem Soldaten)
Gib mir her, du Legionär,
deinen Schild und deinen Speer,
laufe hinter Cäsar her.
Jetzt zeig' ich, wer bin ich, wer.
*(Cäsar stürzt sich in das Kampfgetümmel.
Seine Soldaten folgen ihm.)*
(zu einem Feind)
Flieh, Feindchen, los, los lauf,
sonst kriegst du eine drauf.
Was? Du willst dein Kräftchen, Feind,
gegen Cäsar stellen hier?
Suchst den Tod, so wie mir scheint,
da, ich will ihn geben dir!
*(Stößt ihm den Speer in den Bauch
und zieht sein Schwert.)*

(zu den Feinden)
Wer ist hier der nächste Mann?
(Sie haben den Feldherrn erkannt
und stürmen jetzt alle gegen ihn.)
Langsam, es kommt jeder dran.
Für dich gibt 's einen Gurgelhieb
und weil ich dich hab' gar so lieb,
stoß' ich in deinen Schmirgelbauch,
denn dies bewirkt das gleiche auch.
Hier nimm noch diesen Schädelschlag,
dass dir nicht wird zu lang der Tag!
(ruft in die Feinde)
Hier, ihr Feinde, stellt euch an,
denn hier steht der Sensenmann!
Nun der nächste, wer ist dran?
Ah, der Häuptling, welche Ehre,
fordert auf mich nun zum Tanzen.
Wart' ich dich das Tanzen lehre,
denn ich schlitz dir auf den Ranzen.

Häuptling   Glatzkopf spuckt gar große Töne,
glaubst du, dass ich dich verwöhne,
wenn du tötest meine Söhne?
Die paar Haare, die du hast,
werde ich dir ab noch mähen,
sollst nicht ungeschoren gehen,
denn der Nervier nicht spaßt.

Cäsar   Dieses, du Barbar, ich schwör:
Ich allein bin hier Friseur.
(Die zehnte Legion kommt im
Laufschritt heran.)

Hauptmann der   Dringet in die Feinde ein,
zehnten Legion   lasst den Cäsar nicht allein!
Drängt und drückt jetzt Stück für Stück

87

diese Nervier zurück!
Römern nur gehört das Glück.
Wenn der Cäsar ist verloren,
müssen wir uns selbst durchbohren.
Adlerträger geh voran,
weise der Legion die Bahn!
Tubenbläser blase an,
dass die Töne durch die Ohren
wirken wie beim Pferd die Sporen!

Tuba	Tätä tätä tätä! Tätä tätä tätä!
Erster Zenturio	*(zu seinen Leuten)*
	Auf ihr Männer in die Schlacht,
	wehe wenn ihr Schande macht!
Zweiter Zenturio	*(zu seinen Leuten)*
	Stoßet in den Feind die Spieße,
	dass das Blut zu Boden fließe!
Dritter Zenturio	*(zu seinen Leuten)*
	Cäsar schaut euch, Männer, zu.
	Jeder jetzt sein Bestes tu'!
Vierter Zenturio	*(zu seinen Leuten)*
	Auf euch, Freunde, hoffen alle,
	öffnet diese Feindesfalle
Fünfter Zenturio	*(zu seinen Leuten)*
	Wer nicht weicht, den stoßet nieder
	Römer müssen bleiben Sieger.
Häuptling der Nervier	*(zu seinen Leuten)*
	Nur als Freie leben wir,
	wer ein Sklave ist, ist tot!
	Rühmlich sterbet hier mit mir,
	denn es schmeckt uns nicht das Brot,
	das die Unterdrücker reichen.
	Bleibet fest, ihr sollt nicht weichen!
	Lieber lasst die Leichen liegen,

wenn es nicht gelingt zu siegen!

Erst als nachts der Mond, der bleiche,
sandt' herab sein Dämmerlicht,
waren dort am Ort die Teiche
angefüllt mit toten Kriegern.
Nerviern vergönnt war 's nicht,
dass sie waren bei den Siegern.
Schweigend stehen jetzt die Bäume,
unter denen Freiheitsträume
sie gesponnen lange Zeit.
Tot ist jetzt die Tapferkeit,
die es nicht erdulden wollte,
dass man sie beherrschen sollte.
Waffen liegen weit verstreut
auf dem Kampfplatz dieser Nacht,
hier ein Schwert und dort ein Schild.
Grausig stumm ist dieses Bild,
über das der Wind weht sacht.
Kraftlos selbst sieht man die Sieger,
auch verstummt sind ihre Lieder,
denn es war ein harter Kampf.
In die Luft steigt auf der Dampf
ihrer schweißbedeckten Haut.
Hohl hört man den Eulenlaut.
Schlaf befällt nun alle Glieder
dieser Kämpfer, dieser Sieger
die zurück ins Lager wanken
und den Göttern dafür danken,
dass sie noch das Leben haben.
Mag 's auch bringen viele Plagen.
In die Felle hüllen sie
ihren schlaffen Körper ein.

Diesen Tag und diese Pein
werden sie vergessen nie.

Als die Sonne wieder kam
und begann des Tages Bahn,
als der Schnee in Sonnenpracht
glitzerte wie Funkelstein
ward vom Lager man erwacht
und genoss den Siegeswein.

Cäsar   *(zu einem Boten)*
Hin nach Rom trag' du die Kunde,
dass gewonnen wir die Runde
gegen wilde Völkerstämme.
Laufe nicht nur, sondern renne!
Die Gefahr, die uns gedroht,
haben wir durch Tapferkeit
nun erstickt, dass weit und breit
ich seh' ferner keine Not.

Bote   In zehn Tagen bin ich dort
und verkünde Siegerwort.
Danken werden sie dir alle:
Du halfst Rom aus dieser Falle.

Der Senat beschließt ein Fest zu Ehren Cäsars

Erzähler   Und er sprach ein wahres Wort,
denn in Rom, an diesem Ort,
nahm die Siegesnachricht man
mit viel Lob und Freude an.
Auch beriet man im Senat
an dem Siegesfreudentag.

Crassus	*(im Senat)*
	Väter, ihr habt es vernommen,
	dass der Cäsar hat gewonnen
	eine große Völkerschlacht,
	die dem Staate Ruhm gebracht.
	Wenn bedenkt man die Gefahr,
	in der unser Reich ja war,
	als bei diesem Aufstand wir
	fürchteten für Rom gar schier,
	halte ich es für ganz klar,
	dass den Sieger man hier ehrt.
	Jeder, der siegt mit dem Schwert,
	auch den Ehrenkranz begehrt.
	Wenn es war in Rom nie Sitte,
	dass man Siegesfeste hält,
	so gewährt jetzt diese Bitte,
	da sie Cäsar uns erhält.
	Er hat es fürwahr verdient,
	dass man seine Taten rühmt.
	Dieses schlag' ich vor dem Rat,
	hier zu feiern seine Tat
	durch ein großes Jubelfest.
	Da zerstört das Feindesnest,
	lasst das Volk uns laden ein,
	dass auf Cäsar es trinkt Wein.
	(Beifall der Senatoren.)
Pompeius	Nie, ich weiß, war dies je Brauch,
	doch bin ich der Meinung auch:
	Man muss ehren diesen Mann,
	der so Großes hat getan.
	Und durch Aufwand ehret man.
	Fünfzehn Tag' sind angemessen,
	solang soll in Rom man essen

auf die Kosten unsres Reiches.
Nicht soll zürnen dem Senat
er an seinem Freudentag.
Dieser Sieg kennt auch nichts Gleiches.
(Beifall der Senatoren.)
Euer Beifall stimmt mir zu,
dass man Solches für ihn tu'.
Lasst uns drum zu Taten schreiten,
lasst das Dankfest uns bereiten.

Catullus

Wir vergaßen abzustimmen,
dieses Fest kann nicht gelingen
wenn es ist beschlossen nicht.

Pompeius

Es genügt der Beifall hier,
der hat wohl genug Gewicht.
Spar' für heut die Worte dir,
heute feiert Cäsar man,
dem Catull nicht schaden kann.
Cato selbst, wär' er nur hier,
käm' zum Reden heut nicht dran.

In Rom feiert man Cäsars Sieg

Erzähler

Rom, das Säulenparadies,
ward geschmückt mit Blum' und Kranz.
Wein trank man dort schwer und süß
und erfreute sich am Tanz.
Weither holte man das Beste,
um zu sättigen die Gäste.
Früchte, Ochsen, Enten, Schweine,
dutzende verschied'ne Weine,
Fässer voll mit Rausch und Glut
sorgten für den Übermut.
Tänzerinnen feurig-heiß,

92

wie der Süden sie nur kennt,
zeigten ihre Kunst im Schweiß,
der durchdrang das leichte Hemd.
Harfen, Trommeln und auch Pauken,
wohl-vermischt mit Volksgesang,
hörte man nun nächtelang
zwischen Marmor-Riesenbauten.
Tierhetz-, Gladiatorenspiele
bot dem Volke man dort viele.
Lauschet nun der heißen Nacht,
die den meisten Freude macht!

(An tausend Tischen, die auf dem großen
Forum aufgestellt sind, genießt das Volk.)

Erster Bürger	He, ihr Bürger, schenkt die Ohren

meinem Schrei, dass nicht verloren
er verklingt im wilden Treiben:
„Auf den Cäsar hebt die Becher,
den die Götter selbst beneiden,
weil er unter Romes Dächer
hat das Glück gebracht, der Sieger.
Siegen soll er ewig wieder!"

Volk	*(singt)*

Wir sind heut alle Gäste
auf Cäsars großem Feste.
Zum Saufen gibt 's das Beste,
zum Fressen keine Reste.
Im Weine und im Bier
ertrinken wir gar schier.
Zum Platzen spannt der Ranzen,
doch können wir noch tanzen
mit Weibern römisch-heiß,
dass rinnt herab der Schweiß.

Und brüllen können wir
wie Löwen und der Stier
in dieser Siegesnacht,
die stolz uns Sieger macht.

Flötenspieler Auf nun, ihr lahmen Wanzen,
den Ranzen führt zum Tanzen!
Es lockt die Tänzerin
mit ihrem Tamburin,
und was ich flöte vor,
das singt danach der Chor.

Chor Die Mägdlein mit dem Kranz
führt nun zum Wirbeltanz.
Zwei Sklavinnen für den,
der kann am längsten drehn.
Zwei Weiber griechisch-schön,
mit denen er dann frön',
wenn hier verstummt die Tön'.

Zweiter Bürger *(zu einer Römerin)*
Wie steht 's, mein Kätzchen, komm,
sei heut nicht gar so fromm!
Lass wirbeln auf dem Platz
dich kleine, süße Katz',
denn du bist nicht so schwer
und ich den Preis begehr'.

Römerin Wenn du mich kannst vertragen,
möcht' ich 's mit dir gern wagen.
Ich mag das Wirbeln gern,
weil man dabei sieht Stern',
und hält ein starker Arm,
wird es mir mollig warm.

Erster Soldat Hö, hö, das ist die Meine,
lass du mir bloß die Kleine!

Zweiter Bürger Wag 's nicht, du Zinnsoldat,

	sonst schreite ich zur Tat.
Erster Soldat	Du Wurm beleidigst mich,
	ich dich gleich niederstich.
Zweiter Bürger	*(leert dem Soldaten den Becher*
	voll Wein über den Kopf.)
	Ich lass vor dieser Schönen
	von dir mich nicht verhöhnen.
Erster Soldat	*(zieht sein Schwert und sticht*
	dem Bürger in den Schenkel.)
	Soldaten, Freund, verehre,
	das sagt dir diese Lehre,
	doch sollst du gern jetzt tanzen,
	wenn dir zum Tanzen ist.
	(zur Römerin)
	Du aber meine bist,
	die ich nur darf umkranzen.
	(Ergreift die Römerin und trägt
	sie auf den Tanzplatz.)
Dritter Bürger	*(An einem anderen Tisch.)*
	Verflucht, verflucht, verflucht,
	der Storch ist eine Wucht.
	Das Muskelfleisch schön braun,
	das kitzelt meinen Gaum'.
	Ich möcht' ihn fressen wieder
	nachdem ich schlang ihn nieder.
Vierter Bürger	Vortrefflich für den Bauch
	die Haselmaus ist auch.
	Die Knöchlein knusprig-klein
	nag ich am liebsten ab.
	Nie wird man davon satt,
	da isst man nur zum Schein.
	Doch sei es wie es sei,

	ich mag die Nagerei.
Fünfter Bürger	Mir ist die Maus zu klein,
	ich mag ein fettes Schwein,
	da weiß man was man hat
	und wird auch davon satt,
	und zu dem Fettgeschmier
	ein würzig-herbes Bier,
	das, Freunde, ist Geschmack.
Sechster Bürger	Verzeiht, ich kann nicht reden,
	ich muss mich übergeben.
	(übergibt sich.)
	Und nun zum zehnten Gang,
	doch womit fang ich an?
Siebter Bürger	Da kann ich dir bloß raten,
	versuch den Katzenbraten.
Dritter Bürger	Nein, nein, der Hund ist besser.
	Die Katz' ist etwas zäh,
	schmeckt ähnlich wie das Reh.
	Glaub mir 's, dem Leckeresser.
Sechster Bürger	Ich greif zur Katz', der Hund nachher,
	wenn dann der Magen wieder leer.
Ton	Pfurz!
Vierter Bürger	Oh, oh, wer war der Schuft?
	Wer ließ hier einen Duft?
Dritter Bürger	Auch du, mein Freund, ein Mensch nur bist,
	drum schelte nicht was menschlich ist.
Vierter Bürger	Solche Sachen, Freundchen, lass,
	da versteh ich keinen Spaß!
Dritter Bürger	Glaub mir, des Menschen Wille ist nicht frei,
	drum sei es so, wie es halt sei.
Vierter Bürger	Doch dämpfen lässt sich Sauerei,
	dass sie nicht so geräuschvoll sei.
Dritter Bürger	Es gibt Gewalten der Natur,

da ist der Mensch ein Menschlein nur,
doch hoff' auch ich, dass einst er 's schafft,
zu herrschen über jede Kraft.

(An einem anderen Tisch.)

Zweiter Soldat   Die Tänzerin hat Temperament.
Schaut wie den Schlangenarm sie hebt
und wie ein Tiger sich bewegt,
- allein, mich stört an ihr das Hemd.

Dritter Soldat   Ja, ja, da hast du vielleicht recht,
doch find' die Griechin ich nicht schlecht.

Vierter Soldat   Die mit dem schwarzen, langen Haar
und mit der braunen, dunklen Haut,
die vor' zu dir so trotzig war
und nie zu dir herüberschaut?

Dritter Soldat   Genau die mein' ich, Freund Soldat,
mit der wollt' teilen ich mein Bad,
denn sie verschmäht mich, grad drum, grad.

Vierter Soldat   Ich schwärme für germanisch-blond,
nicht ganz so spritzig, etwas rund,
was Greifbares, was Fest 's, gesund,
ein Weib, an dem man gern sich sonnt.
So wie der Cäsar sie einführt,
seit der da oben Kriege führt.

Fünfter Soldat   Doch muss sie oben etwas haben,
sei sie nun dunkel oder blond,
sei sie nun schlank, sei sie auch rund,
dann Männer, dann erst stimmt der Laden.

Sechster Soldat   Lasst euch von mir mal etwas sagen,
ich kenn' mich in der Sache aus.
Ich wünsch' mir eine Gartenmaus,
da ich zum Spielen möcht' was haben.

Zweiter Soldat   Da find ich besser doch die Katzen,

	die Krallen haben und auch Tatzen.
Vierter Soldat	Die Täubchen find' ich auch nicht schlecht.
	Da hat er was, ich mein, - der Specht.
Dritter Soldat	Doch wollt ihr wählen die Gefahr,
	dann schaut euch um nach rotem Haar,
	denn dieses, Freunde, dies ist klar,
	dass Rot schon immer Feuer war.
	Und grade doch für uns Soldaten,
	die wir geübt in Feuertaten.
Zweiter Soldat	Ich zähme auch gern wilde Pferde,
	da weiß man schließlich was man tut.
	Dies ist der Reiz ja auf der Erde,
	wenn Kraft gefordert ist und Mut.

Das Triumvirat mit Crassus und Pompeius

Erzähler	Cäsar war es zwar sehr lieb,
	dass in Rom man lobt' den Sieg,
	doch der Sieger wollte mehr
	als nur Lob und Dank und Ehr'
	denn zufrieden war nie er.
	In den Lagern lag das Heer
	und er, - da es Winter war -,
	reist nach Süden, das ist klar.
	Luca heißt die schöne Stadt,
	in der Cäsar hielt nun Rat
	mit den Mächtigen von Rom,
	die erwarteten ihn schon.
	Viele waren hergeeilt,
	um zu hören hier den Mann,
	der sie alle zog in Bann
	und der jetzt in Luca weilt.
Cäsar	*(In einem Ratssaal, in dem sich Cäsars*

Freunde und Anhänger aufhalten.)
(zu einigen Freunden)
Habt mein Geld ihr schon verteilt
an die Leute, die mir nützen,
die in Rom mich unterstützen?
Falls nicht, dann jetzt aber eilt.

Ein Freund

Ja, die meisten haben schon,
können nun ihr Amt erkaufen,
und im Amt sie werden raufen,
dass die Stimmung dann in Rom
ganz zu deinen Gunsten steht,
wenn der Cäsar heimwärts geht.
Nur Antonius braucht noch mehr,
der will doch das Priesteramt,
und es ist dir ja bekannt:
Dies erlangt man nur sehr schwer.
All die Reichen es begehren
und dadurch den Einsatz mehren.
Die auch zahlen ja dem Volk
nicht gar wenig Geld und Gold,
um die Stimmen sich zu kaufen,
um die sie sich alle raufen.

Cäsar

Gebt so viel ihm wie er nötig,
dass das Volk er macht erbötig.
Jedes Priesteramt ist 's wert,
dass man sich nicht lang drum schert,
wie viel Geld man dafür gab.
Priester sagen was im Staat.
Und der Anton weiß ja wohl,
für wen er dann sprechen soll.
Zahlt ihm also kräftig aus,
Freund Anton stützt Cäsars Haus.
(zu der Versammlung)

99

Geht hinaus, um dort zu wandeln,
ich muss hier jetzt unterhandeln
mit Pompeius und mit Crassus,
also geht schon, weil 's sein muss,
für euch ist jetzt Ladenschluss.
(Die Männer verlassen den Saal.)
(zu Pompeius und Crassus)
Nun, ihr zwei, wie steht 's in Rom?
Haben wir drei alles schon?

Pompeius
Seit in Zypern Cato ist,
geht die Sache flott voran.
Im Senat ich niemand wüsst',
der noch trotzte wie ein Mann.
Die sind alle brav und zahm.
Sie gewöhnen sich daran,
dass in Rom wir drei bestimmen
und zur Herrschaft uns aufschwingen.

Crassus
Du kennst ja das kleine Volk,
will zu fressen und will Gold,
und wenn sie von beidem haben,
dann verstummen ihre Klagen.
Ob gefangen oder frei
ist dem Pöbel einerlei.
Deshalb werden wir sie lenken,
dass sie brauchen nicht viel denken.

Cäsar
Ja, mein Crassus, du hast recht,
stets soll sein der Pöbel Knecht,
und der Mann, der kann befehlen,
muss auch stets die Herrschaft wählen.
Lasst uns deshalb hier beraten
über unsre Herrschertaten.
Keine Kraft gibt 's mehr im Staat,
die verhindert eine Tat,
nur beschlossen von uns drei,

deshalb sind wir gänzlich frei.
Unser Wille wird entscheiden,
was in Rom man wird betreiben.
Und wer Rom hat, hat die Welt.
Hier drum die Entscheidung fällt,
was einst werden wird Geschichte,
über was man schreibt Gedichte.
Hier, hier sitzt die Weltregierung,
machet euch dies tief bewusst,
dass ihr spürt die Herrscherlust
und mit Recht ergreift die Führung.
Der, der mehr sieht als die andern,
der soll führen auch beim Wandern.

Pompeius   Fest schon steht das Konsulpaar
für das neue Konsuljahr.
Ich und Crassus werden führen
und dich lassen wir es spüren.
Sage nur, was willst du haben,
niemand wird es dir versagen,
denn wir herrschen an den Tagen
da du das bekommen sollst,
was du vom Senate wollt'st.

Cäsar   Fünf Jahr' nun sind abgelaufen,
da in Gallien ich bin,
nicht zu Ende ist das Raufen,
deshalb habe ich im Sinn,
fünf Jahr' länger noch zu bleiben.
Diesen Stämmen will ich zeigen:
Jeder muss sich Cäsar beugen.

Crassus   Schon gewährt ist dir die Bitte,
da du doch im Bund der Dritte.
Wir, die Konsuln, melden hier:
Gallien gehört jetzt dir,

	solang wir in Rom es sagen,
	wer soll die Provinzen haben.
Cäsar	Dann bräucht' ich noch etwas Geld,
	ihr wisst ja, auf dieser Welt
	ist der gar nicht übel dran,
	der sich manches kaufen kann.
	Grad die Menschen kann man kaufen,
	denn ums Geld sie alle raufen,
	und ich kenne wen'ge nur,
	die so reich sind von Natur,
	dass sie dürfen das verspotten,
	was fast alle doch vergotten.
Pompeius	Dies auch werden wir durchsetzen,
	werden dadurch dich ergötzen.
	Du bezwinge Gallien,
	wir in Rom die Dinger dreh'n.
	Wenn der Dreierbund nur hält,
	sind wir drei die Herrn der Welt.
	Nie gab es drei solche Männer,
	die gebracht auf einen Nenner.
	Dieses ist schon Seltenheit,
	wenn verstreut auf dieser Erden
	drei wie wir zur gleichen Zeit
	irgendwann geboren werden.
	Lasset drum das hohe Glück,
	dass uns führte das Geschick
	hier zusammen an dem Ort
	noch befest'gen mit dem Wort:
	Ewig halte dieser Bund,
	wer ihn bricht, der sei ein Hund!
Crassus	Leget hier auf Tisches Mitte
	nun zum Zeichen eure Hand.
	Und zu Göttern schickt die Bitte,
	dass sie segnen dieses Band.

Cäsar	Das was einig wir beschließen,
	das allein, nur das soll sprießen.
	Nie soll Tritracht uns zerspalten,
	ewig soll der Dreibund halten!
Alle drei	Bürgen sind wir alle drei,
	dass der Dreibund ewig sei!
Cäsar	So, ich hoffe nun, das reicht,
	dass vom Gleise keiner weicht.
	Dich, Pompeius, wollt' ich fragen,
	was macht Julia, mein Kind,
	kannst du dich mit ihr vertragen?
Pompeius	Keine andre möcht' ich haben,
	weil das Liebste sie ersinnt
	und mit Liebe mich umspinnt.
	Seit sie hütet mir mein Heim
	möcht' ich nirgends anders sein.
	Schön das Haus sie schmückt und pflegt,
	sanft den Arm sie um mich legt.
	Hätt' ich meine Julia nicht,
	fehlte mir des Lebens Licht.
	Und solang die Liebste lebt,
	ist für uns zwei sie ein Band,
	da wir doch durch sie verwandt.
Cäsar	Solches, Freund, das lässt sich hören,
	das erspart uns jedes Schwören,
	denn die Julia, glaub' es mir,
	bleibt erhalten dir und mir.
Erzähler	Der Senat war sehr empört,
	als er Geld noch dem sollt geben,
	der es andern konnt' auslegen,
	wurde aber nicht erhört,
	da die Mächtigen ihm alle
	zeigten ihre scharfe Kralle.

Und das Volk, das schwieg dazu,
denn es wollte, dass man tu',
was der Cäsar nur begehrt.
Diesen hat es sehr verehrt'.
Cäsar hat das Geld bekommen,
weil das Volk ihm wohl gesonnen.

Aufstand der Gallier unter Vercingetorix.

Erzähler:

Großes tat in Gallien sich,
denn dort übern Grenzesstrich
sich so manches Völkchen schlich,
das nicht dulden wollt' Cäsar,
da Germanenfeind er war.
Also stieß er mit dem Heer,
das bewaffnet war recht schwer
an den Grenzsaum ganz rasch vor,
um zu schließen zu das Tor,
durch das sie ins Land einströmten
und des Cäsars Macht verhöhnten.
Grad stand er auf einem Hügel,
straffte dort des Pferdes Zügel,
als er sah im Tale sie
wie sie kochten Fleischesbrüh'.

Cäsar

(zu einem Zenturio)
Du komm her, Zenturio,
kannst den Cäsar machen froh,
wenn du nimmst dir ein paar Leute,
gehst hinunter zu der Meute
und zeigst denen einmal an,
dass sie auf der falschen Bahn.
*(Nach einiger Zeit kommt die römische
Gesandtschaft mit einer Gesandtschaft
der fremden Völker zurück.)*

Gesandtschaft	*(zu Cäsar)* Du, der Römer starker Führer, halt uns nicht für Unruhschürer. Du siehst hier der Völker zwei, die nicht wünschen Streiterei. Friedlich sind wir hergekommen, friedlich sind wir auch gesonnen. Hierher wurden wir getrieben, weil die andern uns nicht lieben und uns übern Rheinstrom schieben.
Cäsar	Glaubt ihr, ich kann euch hier brauchen? Ich duld' keinen Aufruhrhaufen. Schleunigst ziehet hier bloß ab, sonst wird euch das Land zum Grab.
Gesandtschaft	Doch bedenk', so schnell geht 's nicht, wenn man schleift so viel Gewicht, denn mit Weib und Wagen wir sind im Gallierlande hier. Gönn uns Friede, gönn uns Zeit, dann sind wir auch gern bereit, uns dorthin zurückzuziehen, wo die Heimatblumen blühen. Du verkennst die schweren Mühen, die man schafft uns überm Rhein. Gern lässt man die nicht mehr ein, die mal ausgezogen sind mit dem Wagen, Weib und Kind. Du weißt wie 's dort drüben steht, dort ein steifer Ostwind weht, der bläst alle Völker rüber und lässt niemand mehr hinüber.
Cäsar	Ich geb' euch zehn Erdenrunden, dann seid ihr von hier verschwunden.

	Länger nicht will ich abwarten.
	Ihr verwüstet meinen Garten
	und bringt alles durcheinander
	mit dem Hin- und Hergewander.
Gesandtschaft	Sei versichert in zehn Tagen
	werden wir dich nicht mehr plagen.
	In der Zeit wir werden 's wagen,
	unser Zeug zurückzutragen.
Cäsar	Solang sollt ihr Frieden haben!
	(Die Gesandtschaft zieht sich zurück.)
Erzähler	Auf den Friedensschluss vertrauend

verweilten nun lagerbauend
die Legionen in dem Land,
das - inzwischen ist 's bekannt -
„Gallien" man früher nannt'!
Arglos warfen sie den Boden
aus den Gräben weit nach oben,
um mit einem Wurf zu haben
einen Wall und einen Graben.
Friedlich schien der Augenblick,
als von hinten her, vom Wald,
brach aus einem Hinterhalt
wild hervor das Missgeschick,
das so manchem mit Gewalt
hat zerbrochen das Genick.
Die zwei Völker im Verein
schlugen bei den Römern ein.
Metzelten so manchen nieder,
brachen ihnen ihre Glieder.
Aber Cäsars Stern, der wacht.
Der verliert niemals die Schlacht.
Auch jetzt blieb er wieder Sieger.
In die Wälder weit zurück
schlug sie das Cäsarenglück.

Und nun schickten aus dem Grunde,
weil man heilen wollt' die Wunde,
sie zu ihm Gesandte wieder,
die ihm sangen Klagelieder.

Gesandtschaft Cäsar, du, gönn' uns aufs Neue
Frieden, und den Bruch der Treue
du verzeih', denn nicht das Volk
hat den Angriffskrieg gewollt.
Nur die Wenigen es waren,
die antrieben Kriegerscharen.
Dieses wissen wir ja wohl,
dass verdienten wir den Groll.
Hoffen ließ uns deine Gnade,
dass zum Frieden sie einlade.
Schwer verwundet liegen viele
unsrer Krieger auf dem Boden,
weil zum Unglück sie die Ziele
waren deiner Männer Bogen.
Gönne du uns zwanzig Runden
dieser Erde, dass gesunden
ihre tiefen Kriegerwunden.
Es kann nur der heile Streiter
ziehen nach der Heimat weiter.

Cäsar Wenn in eures Häuptlings Birn'
ist der dumme Schluss entstanden,
eine Falt' hätt' nur mein Hirn,
weiß er bald, dass mehr vorhanden.
Steigt nun ab von euren Rossen,
Friedenswein bot ich euch an,
schändlich habt ihr ihn vergossen,
und ich straf' was ihr getan.
(*zu den Freunden*)
Legt an Ketten diese Hunde,

die zerbrachen Friedensschwur.
Eine Kette ziemt dem nur,
der nicht hält, was in der Runde
Männerwort beschlossen hat.
(zu den Gesandten)
Eure Worte hab' ich satt.

Gesandtschaft Du auch bist der Götter Knecht,
drum brich nicht Gesandtenrecht,
das von Göttern ward gemacht.
Von den Göttern wird 's gerächt,
wenn man dieses Recht verlacht.
(Die Gesandten werden gebunden.)

Cäsar Götter mischen sich nicht ein,
wenn man schlachtet ab ein Schwein.
Spart euch also eure Tränen,
sonst müsst' ich hier noch erwähnen,
welchen Treubruch ihr begangen,
als ihr eure Speeresstangen
in die Römer habt gebohrt.
Da galt nicht das Ehrenwort,
weil ihr euch im Vorteil glaubtet,
als ihr uns das Leben raubtet.
Jetzt soll 's plötzlich gelten wieder,
nachdem ich blieb hier der Sieger.
Doch nun wär' es dumm von mir,
wenn ich hielte euch nicht hier.
Deshalb höret die Moral:
Ehrenwort gilt überall
wo 's mit Vorteil ist verbunden.
Hat man Besseres gefunden,
kommt das Ehrenwort zu Fall.
(zu den Freunden)
Also führet sie schon ab,
habe diese Reden satt.

Empörung im Senat

Erzähler

Als den Fall mit diesen Völkchen
man in Rom vernommen hatte,
gab es dort Gewitterwölkchen,
denn der Cato führt Debatte.

Pompeius

(im Senat)
Wiederum muss ich hier melden,
dass gelungen einem Helden,
hier in unserm Römerreich,
ein gar kühner Heldenstreich.
Völker zwei, die frei war'n noch,
hat gespannt ins Römerjoch
Cäsar, dieser Römerführer.
Nieder schlug er Unruh'schürer,
nachdem er betrogen war
von der treulos, frechen Schar.
Er straft' die Gesandten zwar,
doch war dieses nur gerecht,
da die andern zuerst schlecht
gegen ihn gehandelt haben.
Lasst uns deshalb Dank ihm sagen,
dass er Rom durch eine Schlacht
wieder stärker hat gemacht.
(Beifall der Senatoren.)

Cato

Stumpf seid ihr, weil ihr gewohnt,
dass ihr stets mit Beifall lohnt,
selbst wenn einer redet schlecht
und spricht gegen Völkerrecht.
Götterzorn ruft ihr herab
auf den ganzen Römerstaat,
wenn ihr lobt die Freveltat.

Dieser Mann, der übt Verrat
an den Göttern, am Senat.
Aber ihr, ihr könnt 's nicht fassen,
füllt ihm gar noch seine Kassen,
weil zu schwach ist euer Hirn,
um zu bieten ihm die Stirn.
Wenn das Recht gilt noch im Staat,
dann befolgt jetzt meinen Rat:
Wehrt vom Reich den Götterfluch,
strafet diesen Treuebruch,
indem ihr den Frevelhaften
lasst in Feindeshand verschmachten.
Denen liefert Cäsar aus,
die er schmählich hat betrogen.
Schützt dadurch des Staates Haus,
dass zur Rechenschaft gezogen
ihr, wie 's Pflicht, Gesetzesbrecher.
Söhnet aus euch mit den Göttern,
indem ihr seid ihren Spöttern
strenge und gerechte Rächer.
(Langes Schweigen im Senat.
Nach einiger Zeit erhebt sich Crassus.)

Crassus   Würde dies man tun ihm an,
Väter, ihr wisst, es wär' Wahn.
Cäsar ist ein großer Mann,
der nicht anders handeln kann,
als er eben handeln muss,
mag es bringen auch Verdruss.
Er ist uns'res Reiches Mehrer
und mit Recht hat er Verehrer.
Wie der Cato es vorhat
lohnt man doch nicht eine Tat,
die nur nützte unserm Staat.
Oft im Krieg man handelt rau,

das wisst auch ihr ganz genau
und wer kämpft nur edel-ehrlich,
der macht sich den Krieg gefährlich,
wenn der Feind nicht Gleiches tut
und zeigt hemmungslose Wut.
Freilich wär' die Regel gut,
wenn man sie beachten würde,
doch meist handeln Menschen so,
dass sie werfen ab die Bürde,
kämpfen grausam, wild und roh
und gebrauchen Hinterlist,
wenn 's zu ihrem Vorteil ist.

Cato
Nur der Schwache braucht im Krieg
Grausamkeit für einen Sieg.
Aber jede Herrschermacht
Recht und Ordnung stets bewacht;
und der Stärkere allein
darf im Kriege milde sein.
Wer die Macht hat, hat die Pflicht,
dass er den zieht vor Gericht,
der Gesetz und Ordnung bricht.
Mehr Verantwortung hat der,
der spannt andre in sein Joch.
Wenn die Pflicht ist euch zu schwer,
seit ihr keine Herrscher noch.
Wem Gesetz das Höchste scheint,
richtet gleich den Freund und Feind.
Schenkt den Freunden ihr nur Gnade,
Feinde aber tragt zu Grabe,
dann seid von Gerechtigkeit
ihr entfernt noch sehr sehr weit.

Pompeius
Dann bedenke, Cato, nur,
dass auch Rechte gibt Natur.

111

Wer vollbringt besond`re Tat,
der muss gelten mehr im Staat.
Väter, gebt dem Cäsar Recht,
da das Volk es auch so möcht'.

Erzähler

Cäsar wurd' auch freigesprochen,
da man wollt' dem großen Mann
großes Leid nicht tuen an;
mag auch sein das Recht gebrochen.

Bau einer Brücke über den Rhein.

Erzähler

Ganz im Norden ging 's hoch her.
Dort der Cäsar mit dem Heer
jagt die Völker übern Rhein
und plant eine Tat, nicht klein.

Cäsar

(am Ufer des Rheins zu seinen Freunden)
Wie im Strom die Feinde watschen?
Man müsst' ihnen Beifall klatschen.
Wie die Kühe stampfen sie,
sah'n wohl eine Brücke nie.

Markus

Schau hinüber! Siehst du nur
von Kultur die kleinste Spur?
Urwald, wilde Horden, Sumpf
sind dort drüben Ass und Trumpf.
Wo nicht bauen Römers Hände,
ist auch die Kultur zu Ende.

Cäsar

Es reizt mich, den Strom zu wagen,
dass man einst von mir wird sagen:
Cäsar führte zuerst Wagen
übern Rheinstrom in das Land,
das Germanien genannt.
Und dass Räder und die Socken

	der Soldaten blieben trocken,
	dafür will ich sein bekannt.
Markus	Fabrizieren lass uns Schiffe,
	schließlich kennen wir die Kniffe,
	die man freilich kennen muss,
	will man haben dann zum Schluss
	ein Gefährt, das fest und leicht
	weder Sturm noch Wasser weicht.
Cäsar	Nichts Besondres find' ich dran,
	wenn ein Schiff man bauen kann.
	Anders steht es mit der Brücke,
	die schließt zu der Ufer Lücke.
	Schiffe sah ich wohl schon hier,
	drum bau' eine Brück' ich mir.
	Ich will stets den Leuten zeigen,
	dass man mich muss unterscheiden
	von den andern Menschen allen,
	denn ich kann mir selbst gefallen.
	Eine Brücke lass ich zimmern,
	Schwierigkeiten mich nicht kümmern.
	Und zwar bau' ich sie grad dort,
	wo am reißendsten der Strom.
	Sie soll wie die Königskron'
	schmücken diesen Brückenort.
	Und ich will ein Kunstwerk haben.
	Man soll nicht von Cäsar sagen,
	dass er war ein Dilettant,
	dem die Kunst war nicht bekannt.
Erzähler	Emsig gingen die Legionen
	an das schwere Brückenwerk.
	Keiner wollte selbst sich schonen.
	Stämme schleiften sie vom Berg,

hauten sie zurecht mit Äxten,
und dort wo der Strom am nächsten,
rollten sie den Stamm hinein,
der hinunter schwamm den Rhein,
bis hin zu dem Brückenort,
wo für Stämme ward ein Hort.
Pfähle rammt man in den Fluss,
was hier machte viel Verdruss,
da der Strom hier wütend war,
wie es wollte der Cäsar.
Mancher römische Soldat
tauchte in das Strudelbad
und man sah ihn nimmer wieder.
Wirbelwasser zog ihn nieder.
Auch brach oft das Werk zusammen,
denn es prallten Baumesstangen
an die Pfähle dort im Strom,
stießen um sie unter Hohn.
Cäsar ließ das Werk nicht liegen;
er war schwerlich zu besiegen.
Trotz der tausend Schwierigkeiten
ist es schließlich doch gelungen,
dass hinüber er konnt' reiten.
Und die Brücke ward besungen
als ein Meisterwerk der Kunst,
da nicht half dabei die Gunst,
sondern gegen die Natur
setzte durch sich Hochkultur.

Cäsar *(auf der Brücke zu seinen Legionen)*
Nun, da auch Natur euch Knecht,
überschreitet ihr mit Recht
dieses Stromes Stromesschnellen,
ohne dass des Wassers Wellen
können eure Füße lecken.

114

Dieses Künstlermeisterstück
soll aufs Neu' den Mut euch wecken,
dass ihr vorwärts schickt den Blick
und vertraut dem Römerglück.
Als die ersten Römerkrieger
geht ihr übern Rhein hinüber
und zeigt den Barbarenscharen,
dass die Römer sind erfahren
in der Baukunst und im Streit.
Ihr verdient fürwahr den Neid.
Auf nun, macht das Schwert bereit,
um die Grenzen Roms zu sprengen,
lasst uns jetzt hinüber rennen.

Wer sich beugt, dem seied Brüder,
wer euch trotzt, den stechet nieder!
In das Swebenland brecht ein,
dort sollt ihr die Herrscher sein.

Plündernde Soldaten

*(Die Soldaten gehen über den Rhein
und verwüsten das feindliche Land
mit Feuer und Schwert.)*

Erster Soldat

(zu seinen Kameraden)
Los, dorthin zu diesem Haus.
Ich sah dort ein Weib und Vieh,
das wird machen nicht viel Müh'.
Kommt wir räubern da mal aus!
(Die Soldaten brechen in das Haus ein.)

Zweiter Soldat

Ah, ein schöner, fetter Fang,
so was wünscht' ich mir schon lang.

	Nicht so furchtsam, meine Schöne,
	warte ich dich gleich verwöhne.
Erster Soldat	Lass du mir das Weib in Ruh',
	schlachte du im Stall die Kuh,
	dass zum Essen wir was haben.
	Ich will was für meinen Magen.
Vierter Soldat	Ich schmeiß diese Vase nieder,
	möchte sehen wie sie splittert,
	denn ich bin ein tapfrer Krieger.
	(Schmeißt die Vase auf den Boden.)
	Seht nur wie die Schöne zittert.
Fünfter Soldat	Ja, wir können Furcht erregen,
	wir sind Herren übers Leben.
	Ich dreh der Ent' die Gurgel ab,
	denn ich hab' Enten nun mal satt.
	(Dreht der Ente den Hals um.)
	So - ich fühl mich leichter nach der Tat.
	Und ihr, ihr seht, ich bin ein Mann,
	der eine Ent' erwürgen kann.
Erster Soldat	Ich schlag das Götterbild entzwei,
	dann sieht sie, dass gar nichts dabei,
	wenn man auf Götter spuckt und tritt.
	Ich glaub sogar, das bringt mir Glück.
	(Wirft das Götterbild auf die Erde
	und stampft darauf. Die Frau schmiegt sich
	weinend in eine Ecke.)
Zweiter Soldat	Verschieden ist die arme Kuh,
	ich schloss ihr grad die Äuglein zu.
	In stiller Trauer hin schied sie,
	nachdem mein Schwert traf dieses Vieh.
	(zu der Frau)
	Brat uns den großen Fleischesbatz
	und weine nicht Germanenschatz.
	So ist es nun einmal im Krieg,

	da wird der brävste Mann zum Dieb.
Dritter Soldat	An Schätzen gibt 's hier nichts zu haben,
	das ist mir ja ein armer Laden.
	Ich werf' hier mal das Schränkchen um,
	hört her, hört her, gleich macht es Bumm.
	(Er wirft den Schrank um.)
Vierter Soldat	Es dünkt mich äußerst schwach der Ton,
	da bring zustande ich mehr Phon:
	Ich spann an Stallessäule
	zwei starke Ackergäule
	und reiß die Bude nieder,
	so wie es ziemt dem Sieger.
	Passt auf, gleich geht es los!
	Es klingt dann ganz famos,
	wenn bricht der Stadel ein,
	zerquetschet Huhn und Schwein,
	und bei dem Krach dabei
	hört man noch Saugeschrei.
	Nun lauschet dem Orchester,
	wie 's liebt der Schweinemäster.
	(Der Stall bricht mit Donnerkrach zusammen.
	Die Schweine schreien bis sie verenden.)
	Jetzt nennt mich einen Helden!
	Wer könnte Bessres melden?
Fünfter Soldat	Lasst würfeln um das Weib,
	für wen sie sei bereit!
Dritter Soldat	Ja, ja, das ist gescheit,
	dann gibt es nicht viel Streit.
Erster Soldat	Doch lasse ich es nimmer zu,
	dass man dem Ersten Unrecht tu'.
	Ihr kennt die Plünderregel wohl,
	die ewig, immer gelten soll:

	„Wer bricht zuerst ins Häuslein ein,
	dem soll des Hauses Inhalt sein!"
	Darum die Blonde ist jetzt mein.
Die vier anderen	Du bist ein Kameradenschwein!
Zweiter Soldat	So geht es nicht, so nicht, Soldat,
	denn so sagt man im Römerstaat:
	„Wer hat geerntet süßen Wein,
	der schenke ihn den andern ein."
Dritter Soldat	Doch sind wir gar nicht so gemein
	und wollen sie für uns allein.
	Der Würfel soll das Schicksal sein,
	dann kannst du auch noch darauf hoffen,
	dass du vom Glücke wirst getroffen.
Vierter Soldat	Und willst dem Würfel du nicht trauen,
	dann tät es uns sehr leid um dich.
	Wir müssten dich dann niederhauen,
	weil man nicht liebt den Wüterich.
Fünfter Soldat	Wenn ich dich wär',
	fiel mir 's nicht schwer
	zu geben mir die Schöne her.
	Doch rat ich dir, tu' was sie sagen,
	da ich möcht' auch das Weib gern haben.
	Hier meine Würfel lasst entscheiden,
	wen mag das Glück am liebsten leiden.
Erster Soldat	Ihr vier seid also gegen mich,
	so muss ich der Gewalt ausweichen.
	Das Glück wird mir die Hand schon reichen,
	denn selten nur es von mir wich.
	Und wehe dem, der macht den Stich.
	(Sie würfeln. Das Los fällt auf den
	fünften Soldaten.)
Fünfter Soldat	Ha, ha, ich wusst' es doch, so nur ist 's recht,
	da es das Schicksal auch so möcht'.
Erster Soldat	Halt! Wir sind betrogen schwer.

Gab nicht er die Würfel her?
Wer die Würfel gibt zum Spiel,
der verfolgt damit ein Ziel.
Und wenn er noch siegt dazu,
schlägt die Mausefalle zu.
Ihr, ihr selber habt 's gehört,
er war gegen mich empört,
denn er wusste es genau:
Meinen Würfeln ich vertrau'!
Lasst euch nicht von ihm betrügen.
So soll er uns nicht besiegen.

Zweiter Soldat   Ja, wir müssen würfeln wieder,
da nicht feststeht noch der Sieger,
denn der Sieger war Betrüger.

Dritter Soldat   Nimmer ist es so, nein, nein,
so kann es nun niemals sein,
dass grad dem das Glück ist hold,
der das Glück ja selber wollt'.

Vierter Soldat   Wenn er sich nicht beugen will,
wir vier machen ihn schon still.
Darf zum Trost das Haus anzünden,
wenn wir wieder hier verschwinden.

Erzähler   Nachdem satt die Römerhorden
war'n vom Plündern und vom Morden,
gingen wieder übern Rhein
sie und ließen schlimme Pein
im Germanenreich zurück.
Bründe fressen auf das Gut,
Asche bleibt nur noch und Glut.
Eh sie traf das Missgeschick,
flohen in die tiefen Wälder
die Germanen, ließen Felder,

Haus und Vieh dem Römerglück.
Nur wer Cäsar wollt' sich beugen,
hatte Schlimmes nicht zu leiden.
Und Verträge schloss er viele
mit den Völkern überm Rhein,
denn er machte sich zum Ziele:
Alles soll das Meine sein!

Cäsar setzt nach Britannien über

Es ruht niemals eine Kraft.
Hat sie eine Tat vollendet,
schon zur nächsten sie sich wendet
und ein neues Werk erschafft.

Kühn - verwegen war der Plan,
der nun in dem Mann entstand,
dem genügt' nicht altes Land,
der das Neue stets begann.
Nie zuvor war je ein Heer
hingesegelt übers Meer,
zu der Rieseninsel dort,
die man kannte nur vom Wort,
die verklärt war durch die Mär.
Der geheimnisvolle Strand,
der Britannien genannt,
lockte Cäsars kühnen Geist,
drum das Nordmeer er bereist.
Viele Schiffe, schwer beladen
mit den Kriegern und mit Wagen,
können kaum die Last noch tragen.
Rauer Wind fährt in die Segel,
blähet auf das weiße Leinen.
Auf den Helmen flattern Wedel

in der Eisluft, in der reinen.
In die Riemen der Triremen
stemmen sich die starken Krieger,
grölen raue Kriegerlieder,
selten nur zurück sie lehnen,
wenn die Kräfte sind verbraucht
und der Schweiß wie Nebel raucht.
Offen ist das ganze Deck,
vor der Gischt gibt 's kein Versteck.
Mächtig bricht der Schiffe Kiel
durch die schäumend dunkle Flut,
und die Herzen voll mit Mut,
drängen hin zum Inselziel.

Erster Soldat
(Zwei Soldaten auf einer Ruderbank.)
Glaub 's das hat gar keinen Sinn,
denn wir rudern nirgends hin.
Auch Gelehrte hört' ich sagen,
dass das sinnlos, was wir wagen.
Diese Insel gibt es nie,
sie ist hohle Phantasie.

Zweiter Soldat
Traue du dem Cäsar nur.
Wenn am Schwanz der packt die Katz',
tat sie ihren letzten Satz,
- der besiegt selbst die Natur.

Erster Soldat
Und wenn wahr ist, was man munkelt,
mir die Angst den Mut verdunkelt.
Finsternis und Dämmerung
sollen herrschen Tag und Nacht,
und wie eine Festung wacht
dort mit einer Feuerzung'
ein grün-roter Drachenwurm,
der zu Asche alles macht,
was zur Insel trägt der Sturm.

Zweiter Soldat	Angst, mein Freund, das ist ein Zeichen,
	dass die Kräfte nicht mehr reichen.
	Schau doch nur auf unsre Flotte,
	trotzen wird sie jedem Gotte!
	Wenn der Cäsar wagt sein Leben,
	müssen wir 's erst recht hergeben.
Erster Soldat	Gegen Menschen streit ich gern,
	aber von dem Ungeheuer,
	das kann spucken Glut und Feuer,
	hielt ich mich am liebsten fern.
Offizier	*(zu den zwei Soldaten)*
	Hö, ihr zwei, schlaft bloß nicht ein,
	stemmt euch in die Riemen rein!
	Ich will nicht der letzte sein,
	der legt an im Märchenland.
	Das wär wohl die größte Schand'.
Taktgeber	Senkt und zieht und tauchet auf!
	Senkt und zieht und tauchet auf!
	Senkt und zieht und tauchet auf!
Offizier	Taktgeber erhöh' die Schläge,
	diese Leute sind zu träge.
	Eh die Sonne taucht ins Meer,
	will ich stoßen meinen Speer
	in das Land, das wir erobern.
	Feuer sollen morgen lodern.
	Stimmt jetzt an den Mordgesang,
	dass es euch nicht selbst wird bang!
Soldaten	*(grölen)*
	Tausend Mann
	greifen eine Insel an.
	Brumm, brumm, brumm,
	drehen alle Hälse um.
	Uh, uh, uh!
	Tausend Mann die schlagen zu!

Der Mann auf dem Kastell	*(ruft)* Land in Sicht! Seht ihr nicht! Dort, dort wo der Nebel dicht! Das muss sein Britannien. Ich hab es zuerst geseh´n.
Offizier	*(zu den Soldaten)* Still! Ich seh' bei Lärm nur schlecht. *(zu dem Ausgucker)* Ein Land, ja, ja, da hast du recht. *(zu den Soldaten)* Jetzt aber peitscht die Fluten, sonst lehr ich euch das Tuten, denn ich will sein der Mann, der legt als erster an!
Ton	Krrrach!
Offizier	Verdammt, verfluchtes Riff! Zerbrochen ist das Schiff. Es rett' sich jeder schnell! Das, Leute, ist Befehl. Nehmt mit, was euch gelingt und dann ins Wasser springt. Doch lasst die Panzerwesten ich glaube hier am besten. Wer ist kein guter Schwimmer, dem kann ich helfen nimmer. Glück auf zum kühlen Bad! Das Schicksal wollt' es so und manchmal ist es roh. Nur um das Schiff ist 's schad. *(Die Soldaten springen ins Wasser.)*
Erster Soldat	Habe ich es nicht gesagt: blöd ist, wer die Dummheit wagt! Jetzt wir haben Schiffssalat.

Zweiter Soldat	*(schwimmend)* Mancher hat schon prophezeit, dass das Unglück ist nicht weit. Das ist eine Kleinigkeit, denn es kommt von Zeit zu Zeit. Was nützt alle Weisheit dir, wenn du sie erzählst nur mir und nicht tust, was weise wär'. Fällt das Tun dir etwa schwer?
Erster Soldat	Es gibt Menschen, die wohl wissen, was alleine richtig wär', doch das Tun fällt ihnen schwer. Ich wär' nie hier mitgekommen, wenn ich handelte besonnen, aber Cäsar zieht mich an. Ich muss folgen seiner Bahn, denn er ist der stärkre Mann. Er ist Schicksal für die andern, und ihm nach sie müssen wandern.
Zweiter Soldat	Da, da haben wir den Dreck. Siehst du den Britannenschreck? Dort am Ufer warten sie, schlachten ab uns wie das Vieh, wenn wir schwimmend daherkommen, so, als wären wir benommen. Hast dein Schwert du noch dabei?
Zweiter Soldat	Nur mein Schwert, sonst bin ich frei. Fern sind noch die andern Schiffe, tasten vor sich auf dem Riffe. Auf die kann ich nicht mehr warten. Wenn ich nicht gleich stehen kann, lieg ich bald im Meeresgarten wie ein Leichenwassermann. Deshalb lass uns greifen an.

Ich will sterben wie ein Held,
der im Kampf mit Feinden fällt,
nicht ersaufen wie die Ratte,
die nur Pech im Wasser hatte.

Erster Soldat
Unsre Leute kämpfen schon,
und sie ernten schlimmen Lohn.
Lass den Tod uns also wagen,
dass von uns man einst wird sagen:
Bis zum Ende kämpften sie,
eh sie gingen in die Knie.

Cäsar
(Auf Cäsars Schiff zu seinen Freunden)
Diese Tölpel liefen auf,
rasend-blind war auch ihr Lauf.
Seht nur die Britannenmeute
metzelt nieder meine Leute,
die vom Schwimmen ganz erschöpft,
werden gleich am Strand geköpft.

Markus
Andre auch zerschellten noch
an dem Riff, das stieß ein Loch
in der Schiffe Holzesblanken
eh sie in die Tiefe sanken.
Dort, dort drüben liegen acht,
die am Felsenriff zerkracht,
und dort vorne wieder drei,
die mit ihrem Jammerschrei
rufen andere herbei.

Cäsar
Schwenkt die Fackel,
gebt das Zeichen,
dass sogleich wir sie angreifen!
Steigt jetzt aus und lasst uns waten
hin wo locken Kriegertaten!
(Die Schiffe laufen auf Grund.
Die Römer waten den Feinden entgegen,

	die sie am Ufer erwarten.)
Tuba	Tätä tätä tätä! Tätä tätä tätä!
Cäsar	Stürmt das Ufer, dieses steile!
	Schützt euch gegen ihre Pfeile
	durch die Schildkrötformation!
	Die spricht den Geschossen Hohn.
	Stimmet an den Mordgesang,
	dass den Feinden es wird bang!
Soldaten	*(grölen)*
	Tausend Mann
	greifen eine Insel an.
	Brumm, brumm, brumm,
	drehen alle Hälse um.
	Uh, uh, uh!
	Tausend Mann die schlagen zu!
	(Die Feinde geraten aneinander.)
Römischer Offizier	*(zu seinen Leuten:)*
	Achtung! Achtung! Sichelwagen
	werden euren Beinen schaden.
	Stecht die Wagenpferde nieder,
	holt herab die Sichelkrieger!
Britischer Führer	*(zu seinen Kriegern)*
	Stoßt sie weg vom Uferrand
	ehe sie gewinnen Stand!
	Jagt mit dem Gespann heran,
	das hat Wirkung stets getan!
Markus	*(zu Cäsar)*
	Seltsam führen die hier Krieg,
	lassen uns nicht gern den Sieg.
	Hast du so was schon gesehen,
	Krieger, die auf Wagen stehen,
	Wagen, die nach beiden Seiten
	können scharfe Sicheln breiten?
Cäsar	*(reißt Markus zur Seite)*

Weg! Da fliegt ein Speer daher,
der dich könnt' verwunden schwer.
(Der Speer zittert hinter der Stelle,
wo Markus gestanden hatte, in die Erde.)

Markus
Das war im letzten Augenblick.
Der hätt' zerschmettert mein Genick.
Dank dir, du zogst mich schnell zurück.

Cäsar
Ja, mein Freund, auch das ist Glück,
wenn man entflieht dem Missgeschick
und zitternd nachschaut der Gefahr,
der man entrann nur um ein Haar.

Markus
Da wird es uns ganz leicht ums Herz,
es ist, als fiel von uns der Schmerz,
den hätt' das Unglück uns getan,
hätt' es verfehlt nicht seine Bahn.

Cäsar
Nun aber packe aktiv an,
denn denk du lägst als toter Mann
darnieder auf Britannenboden
und Feinde würden um dich toben,
hätt'st du nicht grad das Glück gehabt,
dass einer dich dem Tod wegschnappt.
Wer knapp nur ist dem Tod entronnen,
der hat ein Leben neu gewonnen.

Markus
Und ich weiß auch, wem ich 's verdanke,
drum schwing ich jetzt für dich die Pranke.
(Er bricht in die Feinde ein.)
(zu den Feinden)
Rückt ein Stück, lasst mich herein!
Blitz heiß ich und schlage ein!
Manchmal habe ich so Zeiten,
da möcht' ich auf Sauen reiten,
und der Sau schlägt man die Sporen
hinter ihre Schlatterohren.

127

	(haut einem Briten ein Ohr ab.)
Brite	Damit ist der Spaß am Schluss,
	weil ich dich erstechen muss!
Markus	Da gönne dir noch etwas Zeit,
	ich muss dich klopfen zuerst breit!
	(Markus wird von einem Speer in den
	Rücken getroffen und fällt.
	Cäsar eilt hinzu und will ihm helfen.)
Markus	*(für sich)*
	Aha, aha ich wusst' es doch,
	heut sprech' ich mit dem Tode noch.
	So also sieht das Männlein aus,
	das fürchtet man in jedem Haus.
	Indes, da ich dich selber seh',
	muss ich mal herzlich drüber lachen,
	wie du kannst Menschen bange machen.
	Du siehst, wie tapfer ich hier steh,
	denn du, du tust mir nimmer weh.
	Was man nicht kennt, das fürchtet man,
	man denkt, der Tod kommt irgendwann,
	tut einem Allerschlimmstes an.
	Du bist ein Gaukler, lieber Tod,
	der gaukelt vor des Todes Not.
	Wo ist der Schmerz, wo ist das Weh,
	wie kommt 's, dass ich sie nirgends seh'.
Cäsar	Wie steht es, Freund, wie geht 's der Wunde?
	Nur Mut, du drehst noch manche Runde.
Markus	Nein, nein, Cäsar, heut ist 's genug.
	Zweimal entwischen ist Betrug.
	Du weißt, der Tapfere lebt so,
	dass, wenn er stirbt, ist er auch froh.
	Jetzt reicht es mir, jetzt bin ich satt,
	ich bin ein Baum voll Ruhmesblatt!
Cäsar	Man lebt solang man leben kann,

128

	drum fang das Leben wieder an.
Markus	Es endet hier der Schienenstrang,
	auf dem mein Lebensweg begann,
	und still steht gleich die Eisenbahn.
Cäsar	Was redest du da, Freund, im Wahn?
	Was ist das, eine Eisenbahn?
Markus	Das werden dir die Englein flöten,
	wenn man dich selber einst wird töten.
	(Er stirbt.)
Zenturio	*(eilt heran)*
	Es weicht der Feind, er rennet weit,
	zeigt schnelle Hasentapferkeit.
	Befiehl, was sollen wir hier tun,
	ihn jagen oder besser ruh'n?
	Am End', das muss ich sagen dir,
	sind auch die Unseren gar schier,
	Die Feinde fliehen auf den Wagen,
	kaum Pferde haben selber wir,
	und knurrend leer ist unser Magen.
	Auch müssen viele wir beklagen,
	die liefen in die Sichelwagen.
Cäsar	Lasst ab, es ist für heut genug,
	Zumal, da wir der Schiffe Bug
	noch flicken müssen und dazu
	den müden Streitern gönnen Ruh'.
	Die Toten auch lasst uns verehren,
	geerntet haben sie Lorbeeren.
	Die Schlacht, die blast nun schleunigst ab,
	euch selber stärkt und esst euch satt.
	Beginnt dann Bäume abzuhauen,
	die nötig sind zum Lagerbauen.
	Und morgen früh, bei Morgengrauen
	lasst nach den Feinden uns ausschauen.

	Ich treff' auch hinter Mauern sie und zwinge sie auf ihre Knie.
Zenturio	Es wandle sich zur Tat dein Wort, drum hier entsteht ein Lagerort.
Tuba	*(bläst die Schlacht ab)* Tu-dab! Tu-dab! Tu-dab.
Erzähler	Jetzt erst, nachdem der Römerschuh betreten hatte dieses Land und die Britannen gaben Ruh', konnt' man gewinnen festen Stand. Es war der Cäsar sehr erbittert, dass so viel Schiffe war'n zersplittert und mancher Mann und mancher Wagen nun lagen in des Meeres Magen. Indes, er wollt' nicht lange klagen. Was heil blieb zog man hoch zum Strand, wo nach der Schlacht sogleich entstand ein Lager, wie ein Bollwerk stark. Das Holz man vom Besiegten barg. Viel Türme zeigte diese Wehr. Ein Zaun, gebaut aus Stämmen schwer, umschloss die Lagerräume all, erhöhte noch den Bodenwall, denn wo man Boden schichtet hoch, entsteht zugleich ein Grabenloch. So kann man zugleich beides haben: den Lagerwall und einen Graben.

Soldaten am Lagerfeuer

Als nun des Abends Kühle kam
und Dämmerung und Nebelschatten
das Inselreich umschlungen hatten,
da saßen, von dem Ringen lahm,
die Römer um ein Feuer rund.
Der Sieg allein leiht ihrem Mund
noch Worte stark und recht gesund.

Nucifrangus   Was meint ihr zur Britannenschlacht,
hat sie euch Spaß, wie mir, gemacht?
Hat einer es mit angesehen,
wie ich gleich gegen drei musst' stehen,
und wie ich sie zurückgetrieben
mit meines Schwertes Donnerhieben?

Scutus   Was ist zurückgetrieben drei,
da find ich Großes nicht dabei.
Die greifen doch gleich wieder an.
Man muss sie werfen aus der Bahn,
dann, dann erst hat man was getan.

Nucifrangus   Was redest du, mein Scutus, da,
wichst du nicht grad, als ich dich sah?
Ließt fallen du nicht deinen Schild?
Das war nicht grad ein rühmlich Bild.

Saucius   Ja, ja, ich hab 's gesehen auch,
er wollte retten seinen Bauch.

Medus   Ach lasst ihn doch, den Freund Scutus,
es weicht halt jeder, wenn er muss.
Die Hauptsach' ist, er siegt am Schluss.
Ich hab' jetzt satt die Streiterei,
hat keiner eine Flöt' dabei?

Nucifrangus   Ich höre gar nicht gern das Flöten,
wenn ich gerade komm vom Töten.

131

Tonus	Du bist halt ein Barbarenheld.
	Hohl wär ohne Kunst die Welt.
	Denn wer nur metzeln will und schlachten,
	den kann ich nur als stumpf verachten.
	Der nur, der die Kunst betreibt,
	hat ein Herz, das groß und weit.
Medus	Glaub es nur, es ist sein Neid,
	doch zeig du jetzt Tapferkeit,
	indem du die Flöte ziehst
	und um Stimmung dich bemühst.
	Wer ein Künstler ist, muss zeigen,
	dass man Künstler muss beneiden,
	denn das ist der Trost der Leiden,
	dem, der hohe Kunst kann treiben.
Tonus	*(zu den anderen)*
	Wollt ihr haben, dass ich flöte
	und die miese Stimmung töte?
Die Anderen	*(zusammen)*
	Ja, spiel uns das Siegerlied,
	dass wir uns fühlen nicht so müd'.
	Wir singen alle mit im Chor,
	was uns der Flöter flötet vor.
Tonus	Dann also singt den Siegsgesang,
	dass euch nicht wird die Zeit zu lang!
Soldaten	*(singen)*
	Es kamen einst an einen Strand,
	den nannte man Britannenland,
	die Römerkrieger, wohlbekannt
	durch ihren zähen, festen Stand.

Sie kamen weit vom Süden her
und wühlten auf des Nordens Meer.
Auch waren sie beladen schwer
mit Mann und Ross und Pfeilgewehr.

Es glaubten erst die Inselleute,
da käme eine kleine Meute,
der zieht man ab die braunen Häute
und macht ihr Gut sich leicht zur Beute.

So manches Schifflein zwar zerkracht',
doch als es schließlich kam zur Schlacht,
das Siegerglück dem Römer lacht,
der untertan sich alles macht.

Und als dann spät die Römerbrüder
zusammen saßen abends wieder,
da stimmten an sie frohe Lieder,
die künden von dem Glück der Sieger.

Medus   Der Tonus tutet gar nicht schlecht,
verleiht auch seinen Tönen Recht.

Saucius   Legt noch Scheite in das Feuer,
denn das Holz ist ja nicht teuer,
wenn man in der Feinde Land
unterhält den Feuerbrand.

Tonus   Ich bin müde, geh zur Ruh',
schlage meine Lider zu,
da mein Lied hier nicht gefällt.
Ich bin in der falschen Welt.

Medus   Ja, der Morgen kommt im Nu,
deshalb ich das Gleiche tu'.

Sieg über die Briten

Erzähler

Der Morgen kam,
ein Morgen am Meer,
der Tag begann,
wie Gold so schwer.
Aus eisigem Bad
entsteigt dem Meer
ein Feuerball,
der weckt zur Tat
das Weltenall.
Ein irdischer Morgen
in Funkelpracht,
ein Licht, ein Morgen
voll Kraft und Macht.
Ein nordisches Licht,
eiskalt und rein
die Nebel zerbricht,
bis siegt der Schein.
Und gelb und weiß,
wie Gold und Schnee,
verschwiegen leis'
ringt sich zur Höh'
der Sonne Licht,
beherrscht die See,
wird stark und dicht.
Der Tag erwacht,
besiegt die Nacht,
und Sonnenglut
das Leben weckt,
das streckt und reckt
sich voller Mut.
Es tönt das Horn,
wirkt wie ein Sporn.

Das Lager steht
vom Schlafe auf
und Cäsar red'
vorm Heereshauf'.

Cäsar *(zum versammelten Heer)*
Bald schon muss es uns gelingen,
dass wir jene niederzwingen,
die wir gestern schon geschlagen
und zur Flucht getrieben haben.
Fürchtet also nicht den Feind,
der euch unterlegen scheint,
fürchtet nicht die Sichelwagen,
denn sie werden euch nicht schaden,
wenn im Sturm wir greifen an,
so wie wir es stets getan.
Hin zu ihren Festungsmauern
will ich euch, Soldaten, führen.
Zeigt es diesen Tölpelbauern,
lasst es diese Briten spüren,
dass sie haben keine Wahl,
als zu beugen sich dem Stahl,
den ihr schwingt auf diese Brut
mit der Härte eurer Wut.
So will es das Schicksal haben,
dass nur Römer dürfen sagen,
was auf dieser Welt geschieht,
denn das Schicksal Rom nur liebt.
Nicht dem Cäsar folgtet ihr,
der euch führte übers Meer,
Götter brachten euch hierher,
Götter, die befehlen mir.
Drum konnt' es nicht anders kommen,
als dass wir die Schlacht gewonnen

und auch weiter werden siegen,
denn die Götter uns nur lieben.
Auf die Götter nur vertraut
und auf Cäsar immer schaut,
dann erobern wir die Welt,
die nur Rom zusammenhält.
Dazu seid ihr ja geboren,
dass ihr Rom stets führt zu Siegen.
Rom ist dazu auserkoren,
alle Völker zu befrieden.
(Die Soldaten schlagen mit ihren Schwertern
auf die Schilde, um ihm Beifall zu geben.)

Soldaten
(im Chor)
Cäsar, uns zur Festung führ',
mutig werden folgen wir,
und wir folgen ewig dir!

Cäsar
Dann wohlan, ich führ' euch an!

Erzähler
Und der Heereszug begann,
aufzubrechen zu den Mauern,
um den Feinden aufzulauern,
die dorthin zurückgezogen
sich nachdem ihr wildes Toben
an dem Strand nichts brachte ein,
als nur Tote und viel Pein.
Mauern stark, aus festem Stein,
schützten Weib und Mann und Kind,
die man führte ganz geschwind
hinter diesen Festungswall
her vom Lande überall.
Britenkönig wollte nicht,
dass der Widerstand zerbricht.
Hier wollt' er solange weilen,
wollte seine Wunden heilen,

	bis zum Kampfe konnten wieder
	eilen seine tapfren Krieger.
Cäsar	*(zu den Offizieren)*
	Dieses Bollwerk ist recht stark,
	doch es wird der Feinde Sarg.
	Uns bleibt nichts, als abzuwarten,
	bis verlassen sie die Scharten
	und vor Hunger sich ergeben,
	bis sie betteln um ihr Leben.
	Schließet diese Mauern ein
	mit dem Palisadenzaun,
	dass man kann nicht raus noch rein,
	lang ertragen sie das kaum.
	Auch die Schleudern bringt herbei,
	dass sie schlagen bald entzwei,
	Türme, Tore, Mauerzinnen,
	dann sind schneller wir noch drinnen.
	als sie lassen selbst uns ein,
	weil zu Ende geht ihr Wein.
Quintus	Warten wir doch gar nicht lang,
	bis der Feinde Hungerdrang
	öffnet uns das Flügeltor,
	denn wir kommen dem zuvor.
	Stein und Feuer sind nicht teuer,
	werden schaden ungeheuer.
Callidus	Und ich hab' den Wasserplan,
	- wir drehen ab den Wasserhahn,
	und jenen Fluss, der strömt hinein,
	lasst stauen uns zu ihrer Pein.
Antonius	Und wenn sie andre Brunnen haben,
	dann war umsonst die ganze Müh!
	Wer trinkt denn schon aus dieser Brüh'?
	Dein Plan, glaub 's nur, der wird versagen.

137

Quintus	Wie wär 's, wenn wir ein Sturmdach bauten,
	das schützt uns gegen ihre Pfeile,
	mit ihm uns hin zur Mauer trauten
	und dort mit einem scharfen Beile
	in diesen grauen Mauerstein
	ein Loch als Eingang schlügen ein?
Cäsar	Ich finde diesen Plan recht gut,
	er zeugt von Geist und auch von Mut.
	Und deshalb diese Tat versucht,
	eh ihr den Sturmdachplan verflucht.
Callidus	Da fällt mir noch was andres ein.
	Auch dieser Plan scheint gut zu sein,
	wie es mich dünkt von vornherein.
	Wir könnten uns doch Türme bauen,
	die höher als die Mauern sind,
	auf Rädern, fahrbar, ganz geschwind,
	auf ihnen hin zur Mauer sauen,
	mit Feuer, Pfeilen, Steinen, Spießen
	von oben auf die Feinde schießen.
	Auch Pech und Schwefel könnt' man gießen
	vom Turm herab auf ihre Mauern.
	Ich glaub, man müsst' den Feind bedauern.
Antonius	Der Holzturm, der wird schneller brennen,
	und die das Feuer auch schon kennen.
	Glaubst du, die lassen dich heran,
	wie 's einfällt dir in deinem Wahn?
Callidus	Es gibt auch gegen Feuer Mittel,
	wie 's gegen Kälte gibt den Kittel.
	Wir spannen einfach um den Turm
	ein nasses Fell eh 's geht zum Sturm.
Cäsar	Versuchet, Freunde, wagt!
	Versuch die Wahrheit sagt.
	Und wem Erfolg beschert,
	den der Erfolg auch ehrt.

Oft macht die Wirklichkeit
alleine nur gescheit.
Der Geist bedenkt sehr viel,
die Tat nur führt zum Ziel.
Drum packet frisch jetzt an,
dass hier wird was getan.

Katapultus *(Zwei Soldaten an einer Schleuder.)*
Was zielst du denn für einen Mist,
ich glaube du besoffen bist.
Wir wollen hier nicht Vögel jagen,
wir wollen Turm und Mauer schaden.

Bolzenius Ich lass mir doch von dir nichts sagen,
magst du auch älter sein an Tagen.
Wer weiß denn, ob nicht grad mein Stein,
der in die Burg flog weit hinein,
dem König schlug den Schädel ein?
Wer in das Dunkel schießt, darf hoffen,
dass er ins Schwarze hat getroffen.

Katapultus Da schieße besser doch ins Licht,
und selbst wenn du kannst treffen nicht,
tust du doch eines Schützen Pflicht,
der nie ins Dunkel schießet nicht.
Die Schleuder spanne wieder an,
dann zeig' ich dir mal was ich kann.
Pass auf, es trifft sogleich den Turm
ein heftiger Gewittersturm.
Ein Hagelkörnlein von vier Pfund
macht tot, wenn 's trifft, den größten Hund.

Bolzenius Nun Schütze scharf geladen ist,
hol jetzt herab den Hahn vom Mist,
wenn du ein Meisterschütze bist.

Katapultus Ja, gib mir schon das Steingewehr.
Mit dem feg' ich das Türmlein leer.

*(Der Stein schmettert in den Turm
und reißt ein großes Loch.)*
So, Freundchen, das sei dir zur Lehr',
wie treffet man ein Türmlein schwer.

Bolzenius Du brauchst nicht protzen, sei du still.
Es ist zu groß mir dieses Ziel,
da braucht man können gar nicht viel,
das treff' ich immer, wenn ich will
bei Dunkelheit und ohne Brill'.
*(Zwei Soldaten schieben ein Sturmdach
an die Mauer heran.)*

Erster Soldat An die Mauer jetzt heran
schieb das Dach und packe an.

Zweiter Soldat Sieh, wir kommen gut voran,
es stammt auch von mir der Plan.
Ihre Pfeile schaden nicht,
denn es hält das Dächlein dicht.
Immer vorwärts, keine Scham!
So, geschafft, jetzt sind wir dran.
Nun fängt erst die Arbeit an.
Ich schlag ein mit meinem Beil
jetzt den ersten Eisenkeil.

Erster Soldat Das brauchst du mir gar nicht sagen,
denn geplant war es vor Tagen.
Ich find' du sprichst viel zu viel,
schaff was, dann kommst du ans Ziel.

Zweiter Soldat Wenn man denkt auch was man tut,
tut mit Eifer man und Mut.

Erster Soldat Denken, Freund, das ist ganz gut,
Sprechen doch ist Übermut.
Wir sind hier nicht im Theater,
wo man sagt: „Ich streich den Kater",
denn man sieht ja, was man tut.

Zweiter Soldat Diese Steine sind recht hart.

Erster Soldat	Steine, glaub 's, sind niemals zart,
	deshalb sagt man ja „steinhart".
Zweiter Soldat	Gäb 's nur eine Sorte Stein,
	wär' das Recht jetzt sicher dein,
	doch gibt es ja viele Arten
	zwischen hartem Stein und zartem.
	Ich wollt' dir hier nur berichten,
	dass wir es mit einem dichten,
	harten Stein zu tun hier haben.
	Darf man das denn nicht mehr sagen?
Erster Soldat	Sagen, Freund, darf man sehr viel,
	doch nicht alles führt zum Ziel.
	Und der Stein, der wird nicht zart,
	wenn du sagst: Er ist sehr hart.
	Deshalb sage ich dir bloß,
	dass du sprichst von Sinnen los.
	Wenn es etwas nützen tät,
	wär 's ganz gut, wenn man sich rät,
	doch wenn übern Stein du klagst,
	ist es Unsinn was du sagst.
	(Eine riesige Steinmasse wird von der Mauer
	herab geschüttet, zerbricht das
	Sturmdach und begräbt die Soldaten.)
Zweiter Soldat	*(stöhnend)*
	Ich will 's nicht mit dir verderben,
	doch ich glaub, wir müssen sterben.
Erster Soldat	Und ich sag 's zum letzten Mal,
	hier ist kein Theatersaal.
	Stirb und schweige doch dazu.
	Lass mir endlich meine Ruh'.
	Ich sag auch nicht was ich tu'.
Erster Soldat	*(Auf einem Turm werden zwei Soldaten*

141

an die Mauer heran geschoben.)
Ich werf' jetzt den ersten Stein
in die Feinde dort hinein.

Zweiter Soldat Weißt du was, ich find 's gemein,
wenn auf Menschen wie aufs Schwein
man wirft einfach einen Stein.

Erster Soldat Willst du Spielverderber sein?
Schließlich bist du doch Soldat,
schäm dich, du verrätst den Staat.
Ich werf' dich zum Turm hinab,
wenn du ein Verräter bist,
der hier sinnt auf Hinterlist.

Zweiter Soldat Nein, so ernst war 's nicht gemeint,
ich wollt' dich ja nur mal fragen,
warum sich die Menschen plagen,
weil es mir so komisch scheint,
dass sie selber bringen Plagen
und doch über Plagen klagen.

Erster Soldat *(hat gerade seinen Stein geworfen)*
Ha, der hat die Sau gesattelt.
Siehst du, wie der Mann da zappelt?
Solche Wirkung, Freund, die freut,
auch wenn man sie selber scheut .
Man vollbringt nicht jeden Tag
eine solche Heldentat.
Denk nicht viel und stoße zu,
dass vor Feinden du hast Ruh'.
Jedenfalls, ich mag das Spiel,
wenn man schießt auf dieses Ziel.
Und der Reiz am Kriegerspiel
ist, dass man ist selbst ein Ziel.

Zweiter Soldat So steht 's also mit dem Krieg,
dass man braucht ihn für den Sieg
und dass dann beginnt man Krieg,

	wenn man Hoffnung hat auf Sieg.
Erster Soldat	Ja, so ungefähr stimmt 's schon,
	doch gefällt mir nicht dein Ton.
	Wenn auch dir der Sieg ist lieb,
	dann den Feinden es jetzt gib.
	Hier nimm diesen kugelrunden,
	der passt gut zu diesen Hunden,
	deshalb wirf ihn auch hinab,
	soll sie bringen in das Grab.
	(Ein feindlicher Pfeil durchbohrt
	den Hals des ersten Soldaten.)
Zweiter Soldat	Auch den, der schwingt das Henkerbeil,
	trifft einst des Schicksals blut'ger Pfeil.
	Ich wünsche dir noch gute Nacht,
	jetzt weißt du, wer das Schicksal macht.
	Wärst du als braver Mann gestorben,
	hätt'st Trost du auch noch übermorgen.
Erzähler	Gar höllisch musst' den Feind man plagen,
	bis endlich man nach vielen Tagen
	zum ersten Mal konnt' „Hurra" sagen.
Bolzenius	Hurra, das war der Schlüsselschuss,
	dem das Tor sich öffnen muss.
	Seht, es splittert, kracht schon ein,
	eilet nun und stürzt hinein!
Cäsar	Endlich, endlich ist 's soweit,
	das war schließlich auch mal Zeit.
	Stürmet nun durch diese Lücke,
	die die Schleuder uns zum Glücke
	in das Tor hat eingeschlagen.
	Jetzt müsst ihr den Angriff wagen.
	Leget Feuer, leget Brand,
	brechet jeden Widerstand.

	Cäsar, ich, geh euch voran,
	tut mir nach, was ich getan.
	(Er dringt durch das Tor ein. Die Legionen
	folgen ihm. Drinnen erwartet sie der erbitterte
	Widerstand der Briten.)
Tuba	Tätä tätä tätä! Tätä tätä tätä.'
Erster Zenturio	*(zu seinen Leuten)*
	Folgt mir nach, auf diese Mauer!
	Haben wir die Mauerzinnen,
	wird uns Weiteres gelingen,
	und der Sieg wird sein von Dauer.
Zweiter Zenturio	*(zu seinen Leuten)*
	Auf dem Marktplatz ist was los,
	ist die Feindesschar sehr groß.
	Kommt, ich führ' euch in den Kampf,
	eilet schon und machet Dampf!
Dritter Zenturio	Nehmt die Fackeln in die Hand,
	setzt die ganze Stadt in Brand!
	Feuerteufel führt euch an,
	brennen soll hier jeder Span!
Vierter Zenturio	Folgt mir in die Häuser rein,
	ihr sollt bringen auch was heim!
	Raubet Schmuck und Gold und Wein,
	es wird nicht sehr teuer sein!
	Bei den Reichen kehret ein!
	Alles soll das Eure sein!
Fünfter Zenturio	Metzelt nicht grad alle nieder,
	Sklaven brauchen auch die Sieger,
	drum die Schönen lasset leben,
	das wird Geld in Rom viel geben.
Cäsar	*(zur zehnten Legion)*
	Auf, ihr Treuen, nach mir eilt,
	durch die Feinde euch jetzt keilt!
	Folgt mir zum Palaste hin,

144

wo der König muss jetzt fallen.
Wohl beschützt wird er von allen.
Ich allein der König bin!
(Vor dem Palast kommt es zum Kampf.)

Britenführer   *(zu seinen Leuten)*
Schützt Palast und Königshaus,
wenn ihr weicht, ist alles aus!
Nimmer, niemals lasst es zu,
dass dem König man was tu'!
Lasst das Leben für die Ehre,
schenkt es eurem edlen König,
denn das Leben wäre wenig,
wenn den König man verlöre!

Cäsar   *(zur zehnten Legion)*
Diese Stufen stürmt hinauf,
brechet ein im Dauerlauf!
Zeigt nun, dass ihr Römer seid,
die die besten sind im Streit!
Folget Cäsar, schaut mir zu,
jeder dann das gleiche tu'!
(Er bricht in die Feinde ein.)

Zenturio   Schützet Cäsar unsern Führer,
wenn er fällt, sind wir Verlierer!

Britenführer   Auf den Feldherrn schlaget ein,
er soll euer Ziel jetzt sein!

Cäsar   Schließt den Königspalast ein,
denn er muss nun werden mein!

Erster Brite   Ganz in Flammen steht die Stadt,
Sklaven führt man dort schon ab.
Dies ist unser letzter Tag.

Zweiter Brite   Werde jetzt im Kampf nicht matt,
lass beenden uns die Plag'
noch durch eine Ruhmestat!

145

Saucius	Stück um Stück geh'n sie zurück,
	bald gehört es uns, das Glück.
	Steh zur Seite mir und drück!
Flamminius	Cäsar sieht uns, dringe vor,
	man wird loben uns im Chor,
	uns verleihen hohe Orden
	vor dem ganzen Heere morgen.
	Meine Wunden mich nicht sorgen.
Saucius	Gib mir Deckung, ich dring ein
	in die dichteste der Reih'n,
	denn ich will der Erste sein
	in dem ganzen Römerheer.
	Cäsar soll mich loben schwer.
Flamminius	Glaubst du, dass ich schlechter bin?
	Tapfer, Freund, ist auch mein Sinn.
	Gib den ersten Rang du mir,
	denn ich kämpfe tapf'rer hier.
	Auch der zweite Rang reicht dir.
Saucius	Das lass ich mir doch nicht bieten.
	Sieh, wie ich schlag diese Briten!
	Du mit deinen zahmen Schlägen
	streifst ja nur an ihren Krägen,
	meine aber Köpfe sägen.
Flamminius	*(schreit in die Römerscharen)*
	Gebet eine Fackel mir,
	gleich hab' ich erreicht die Tür,
	kann sie werfen dann hinein,
	und es wird ein Fackelschein
	bald so hell wie tausend sein.
	Holz und Tücher soll er fressen,
	dass man mich wird nie vergessen.
	(Man reicht ihm eine Fackel durch.)
Brite	Machet tot den Fackelmann,
	eh er zündet alles an!

146

Flamminius	Lasst mich durch, ich muss zur Tür,
	Blut und Wunden ich nicht spür!
	Diese Fackel muss hinein,
	dann kann ich als Held hier sterben,
	denn ich brachte das Verderben.
	Diese Tat soll meine sein.
	(Er dringt, aus vielen Wunden blutend, zur
	Tür vor, wirft die Fackel hinein und bricht
	zusammen.)
	(für sich)
	Jetzt kann ich in Ruhe sterben,
	denn ein Mann war ich im Leben,
	über den man lang wird reden.
	Ewig will gelobt ich werden,
	will im Finstern nicht verderben.
Britenführer	Haltet vor der Türe stand,
	ich will geben mein Gewand,
	will ersticken diesen Brand,
	der schon züngelt hoch die Wand.
Cäsar	*(zu den Feinden)*
	Weichet mir, ihr seid verloren!
	Jeden werde ich durchbohren,
	der sich mir zum Kampfe stellt
	und sein Schwert an meines prellt.
	(zu einem Feind)
	Stirb! Verdirb! So muss es sein,
	denn ich muss zur Tür hinein.
	(Er sprengt den Türflügel und dringt ein.)
	Jetzt steh'n alle Türen offen
	und der Feind ist schwer getroffen.
	Römer sprengen alle Riegel,
	öffnen Tore, öffnen Flügel.
	Sputet euch! Hinein jetzt rennt,

eh das Schlösslein niederbrennt.
(Die Römer brechen den letzten Widerstand
und dringen ein. Der König erscheint auf der
Treppe im Palast.)

König   *(zu seinen Kriegern)*
Lasset ab und senkt das Schwert,
ihr habt mich genug geehrt!
Nährt nicht mehr den Strom des Blutes,
der ist Zeugnis eures Mutes,
doch hat er gebracht nichts Gutes.
Jetzt ist es allein gescheit,
dass wir enden diesen Streit,
um zu mehren nicht das Leid.
Stärker ist die Römermacht,
die uns um das Glück gebracht.
Doch am Leben haltet fest,
wenn es euch das Herz auch presst
euch zu beugen diesem Sieger,
- einst wir werden wachsen wieder.
Nie ein Volk voll Freiheitsdrang
kann ein Sieger beugen lang,
deshalb gebt ihr dann nur auf,
wenn den Tod ihr nehmt in Kauf.
Nimmer stehen Tote auf.
(zu Cäsar)
Was du führen magst im Schilde,
wir vertrau'n auf deine Milde.
Du bist Herr des Schicksals hier,
deshalb müssen folgen wir.
Du kannst töten, morden, schlachten,
wie 's schon viele Sieger machten,
die am Blute sich erfreuten,
weil ein Urteil sie nicht scheuten.
Doch es wird der Tag einst kommen,

148

wo ein Mann, der recht besonnen,
richtet dich auch, dich, Cäsar,
und sagt allen wer er war.
Handelst du hier wie benommen,
wird man krümmen dir kein Haar,
doch du stehst vor dem Gerichte,
das man nennen wird Geschichte.
Und der Große der denkt weit,
er lebt zwar nur kurze Zeit,
doch sein Ruhm hat Ewigkeit.
Denke daran, wer du bist,
nur der Kleine dies vergisst,
wenn er scheußlich grausam ist.
Siegen will der große Mann,
ihm geht es nur um den Rang.
Wer sich beugt, den hört er an,
tut ihm nie was Schlimmes an.

Cäsar *(der inzwischen seinen Leuten Einhalt*
geboten hatte)
Du sprichst gut, drum lass ich 's gelten.
Man soll mich nicht grausam schelten.
(zu seinen Offizieren)
Nehmt gefangen, führet ab,
dann versammelt euch zum Rat,
in dem wir beschließen werden,
wer darf leben, wer soll sterben!
(Der König und seine Krieger
werden gebunden und abgeführt.)
Und dem König zeiget nur,
dass wir kennen die Kultur.
Königlich bewirtet ihn,
königlich scheint mir sein Sinn.
Blaset ab das Hasentreiben,

149

	nicht unnötig soll man leiden.
	Hasenkönig ist gefangen,
	er hängt nun an Jägers Stangen.
	Soweit wollte ich gelangen.
Tuba	Tu-dab! Tu-dab! Tu-dab!

Erzähler

Als die Sonn' am Schlachttag sank,
sagten Römer Göttern Dank,
und die Briten schickten Bitten
ihrer Gottheit, da gelitten
sie sehr stark durch Schwert und Brand,
Gaben, die von Römerhand.
Die Gefangenen nun klagen,
und die Römer schmausend tagen,
denn es gibt nicht wenig Fragen.
Cäsar sitzt auf einem Throne,
lässt den König vor sich treten.
Der soll um die Freiheit beten,
da der Cäsar hat die Krone.

Cäsar

(zu seinen Offizieren)
Führt mir jetzt den König her.
Er soll geben mir die Ehr'!
(Man bringt den König.)
Nun, beendet ist der Streit,
der für uns war Kleinigkeit.
Vor dir hast du nun den Sieger,
deshalb beuge dich auch nieder.
(Der König beugt sich zögernd nieder.)
Nicht so zaghaft, braver Mann,
denn du stehst in meinem Bann.
- Was fang ich bloß mit dir an?
Arm, ich seh 's, ist euer Land,
für den König eine Schand'.
Schwerlich lässt sich hier was holen,

denn euch fehlen selbst die Kohlen.
Viel zerstörte auch der Brand.
Meine Absicht ist es nicht,
lang auf Inselland zu weilen.
Ich will halten hier Gericht,
und dann werd' ich mich beeilen,
dass die Armut ich verlasse,
die ja nichts bringt meiner Kasse.
Doch umsonst bin ich nicht hier,
das muss ich schon sagen dir.
Zwar würd' es sich auch nicht lohnen,
hier zu lassen die Legionen.
Wie vorher sollst du regieren,
aber du sollst mich noch spüren.
Deshalb gib du mir ein Pfand,
dass du bleibst in meiner Hand.
Gib was dir das Liebste ist,
dass du stets der Meine bist.

König Was verlangst du denn von mir?
Was soll ich schon geben dir?
Lass die Freiheit meinem Volk,
nimm, was du nur findst an Gold.
- Viel kann ich dir zwar nicht bieten,
denn sehr arm sind wir, wir Briten.
Alles aber sollst du haben,
wenn du uns verschonst mit Plagen.

Cäsar Gold, das hat nun mal kein Herz,
deshalb taugt 's nicht für ein Band.
Mir gebietet mein Verstand,
dass du spüren musst den Schmerz,
sobald du mit mir treibst Scherz,
nachdem ich verließ dies Land.
Deshalb gib ein andres Pfand,

151

	gib die nächsten der Verwandten,
	deine Söhne, deine Tanten,
	dann will ich zufrieden sein,
	und das Land wird bleiben dein.
König	Du verlangst ja gar nicht wenig,
	forderst viel von einem König,
	es fällt schließlich jedem schwer,
	seine Söhn' zu geben her.
Cäsar	Schwer soll es dir ja auch fallen,
	denn du bist in meinen Krallen
	und sollst immer mir gefallen.
König	Da du siegtest überall,
	bleibt mir keine andre Wahl.
	Unglück brachte viel der Streit,
	deshalb will ich sein bereit,
	um zu enden alles Leid.
Cäsar	Ich hätt' nimmer euch gegrollt
	hätte nicht den Streit gewollt,
	hättet ihr euch nur ergeben.
	Ihr, ihr wolltet es ja so,
	dass ich handle hier mal roh
	und vernichte manches Leben.
	Dies wär' nicht gekommen vor,
	hättet ihr nur euer Tor
	uns, den Siegern, aufgetan,
	doch ihr hemmtet unsre Bahn,
	deshalb fing den Krieg ich an.
	Was ich will, das muss ich haben.
	Ich kann es nur schlecht vertragen,
	wenn mir andre was versagen.
König	Wenn man wüßt' von vornherein,
	wer im Kampf wird Sieger sein,
	gäbe es nicht Streit sehr viel.
	Sieg: Das ist des Kampfes Ziel.

Niemand gibt die Freiheit her,
ohne dass er schwingt den Speer,
außer wenn erkannt hat er,
dass der Kampf ganz sinnlos wär'
Wir, wir siegten oftmals schon
gegen andere in Schlachten,
deshalb wir uns Hoffnung machten,
zu verteidigen die Kron',
denn wir fühlten stark uns sehr,
bis uns schlug das Römerheer.

Cäsar
So ist es auf Erden, ja,
tausend Kräfte wirken da,
sind geordnet sie nach Rang,
dann gibt Streit es gar nicht lang.
Stets kommt es zur Streiterei,
wenn nicht wissen Kräfte zwei,
wer da wohl der Stärk're sei.
(Cäsar wird plötzlich von Schwindel und
Krämpfen ergriffen und stürzt vornüber
zu Boden.)

Cäsar
(stammelnd)
Markus! Markus!
Dass grad' jetzt mich 's packen muss.

König
Was ist mit ihm? Was hat der Mann?
Hab' ich ihm etwas angetan?
Was stammelt er in seinem Wahn?

Quintus
(zu den Freunden)
Lasset auf ein Holz ihn beißen,
dass die Zung' er nicht verletzt.
Das ist nur sein altes Reißen,
das von Zeit zu Zeit einsetzt.
(Die Freunde laufen hinzu, lassen ihn auf ein
Holz beißen und halten ihm die Arme fest.)

153

Haltet fest ihm Fuß und Hand,
bis sich aufhellt sein Verstand,
denn es ist euch ja bekannt:
Lange dauert nicht der Krampf,
der ihn oft nach einem Kampf
unvermittelt überfällt
und ihn fest umschlungen hält.
Wann 's ihn trifft, das weiß man nie,
man nennt es Epilepsie.
(zu den Offizieren)
Die Versammlung ist zu Ende.
Führt den König wieder fort,
bindet fest ihm seine Hände,
bis erlöst ihn Cäsars Wort.
(Der König, der ratlos dagestanden hatte,
wird abgeführt. Die Versammlung löst sich
auf. Die Soldaten treten neugierig hinzu.)

Quintus	*(zu den Freunden)*

Legt ihn nieder auf die Bahre,
bis er findet Worte klare.
Traget fort ihn in sein Zelt,
er mag 's nicht, wenn alle Welt
ihn sieht durch die Krankheit fallen.
Lieber zeigt er seine Krallen.
(Die Freunde bahnen sich durch die Soldaten,
die Cäsar stumm und staunend umdrängen
und tragen den Feldherrn in sein Zelt.
Nur Quintus bleibt bei ihm.)

Cäsar	*(zu sich kommend)*

Markus, wo ist er, wo ich?

Quintus	Markus starb durch Speeresstich,

und du liegst in deinem Zelt,
wohl verborgen vor der Welt.
Du bist wieder mal gefallen.

154

Cäsar	Vor dem König und vor allen?
Quintus	Es ist weiter doch nicht schlimm,
	nur nicht tragisch den Fall nimm.
Cäsar	Leicht kann ich die Krankheit tragen,
	wenn sie schlägt an stillen Tagen.

Cäsar
Vor dem König und vor allen?

Quintus
Es ist weiter doch nicht schlimm,
nur nicht tragisch den Fall nimm.

Cäsar
Leicht kann ich die Krankheit tragen,
wenn sie schlägt an stillen Tagen.
Ich kann tragen leicht den Schmerz,
denn ich hab' ein starkes Herz.
Doch wenn ich muss so versagen,
wie es heute ist passiert,
kann ich sie nur schlecht ertragen,
da sie meinen Stolz anrührt.
Ich saß auf dem Siegerthron,
vor mir beugte sich die Kron',
und in diesem Augenblick
muss mich schlagen das Geschick.
Quintus, sag, was denken die,
die so schwach sah'n das Genie?
Werden Achtung sie noch zeigen,
nachdem kennen sie mein Leiden?
Was denkt wohl der König jetzt?
Hat der Fall ihn sehr ergötzt?
Wird er beugen gern sich, immer,
nachdem er hört' mein Gewimmer?
Oh verfluchte Krankheit, du,
raubst mir, was mit Mut ich tu'.
Niemand hat mich je bezwungen,
dir allein ist es gelungen.

Quintus
Keiner, Cäsar, wird es wagen,
dir die Achtung zu versagen.
Deine Stärke ist bekannt,
hier und auch in unserm Land,
denn zu oft hast du gezeigt,
dass du bist ein Mann im Streit.

Alexander, den du ehrst,
dessen Ruhm auch du begehrst,
lag ja oftmals krank danieder,
und man glaubte, dass nie wieder
er zum Leben hoch sich ringt,
- niemand ihm deshalb was nimmt.
Groß bist du und wirst es bleiben,
hättest du auch tausend Leiden.

Cäsar

Du hast recht, ich fühl' die Kraft
und die Muskelspannung wieder.
Neu stärkt sie mir meine Glieder,
die ja kurz nur war'n erschlafft.
Neue Taten muss ich wagen,
kann die Ruhe nicht ertragen.
Gib die Ohren meinem Wort!
Morgen will an diesem Ort
ich die Tapfersten mit Orden
und mit Ehren wohl versorgen.
Für den Zweck bereite vor,
was ich sag' jetzt deinem Ohr:
Schmück mit Blumen die Tribüne,
lass auftreten auch den Chor,
dass ein jeder, den ich rühme,
kommt sich groß und würdig vor.
Morgen auf das Forum führ'
alle Männer und Legionen.
Lass auch bilden ein Spalier,
das mit Beifall soll die lohnen,
die verdienen Ehrenkronen.
Und in Ordnung und nach Rang
stelle auf mir diesen Gang.
Auch sorg' du für den Gesang.

Quintus

Wie du 's willst, sollst du es haben,
denn du sollst dich nicht beklagen.

156

Ehrung der siegreichen Soldaten

Erzähler

Prächtig war man aufmarschiert
auf dem weiten Lagerplatz.
Jeder zeigte seinen Schatz
und die Stimmung jeden rührt'.
Offiziere, Zenturionen,
der Manipel, der Legionen
zeigten ihre Ehrenzeichen,
die man ihnen musste reichen,
weil sie Tapferkeit gezeigt
schon in manchem wilden Streit.
Flatternd schmückte der Umhang,
purpurrot, mit Silberspang,
und ein Helmbusch weht im Wind,
zeigt, was Offiziere sind,
die im Kriegsdienst wohl erfahren
schmücken sich mit Federhaaren.
Trotzig stehen die Soldaten,
zäh und hart durch viele Taten,
halten links den Panzerschild,
rechts den Speer aus weichem Eisen,
stehen da, um den zu preisen,
dessen Herz durch dieses Bild
und die Taten, die man lobt,
mächtig pochet, freudig tobt.
Unruhig und erwartungsvoll
harren sie auf jenen Mann,
der sie alle loben soll,
weil man Großes hat getan.
Da tritt er im Feldherrnkleid,
hager und mit weißer Haut,
auf die Bühne. Jeder schaut,

jeder wünscht im Innersten,
dass vor ihm er dürfte steh'n.
Die Legionen jubeln, toben,
um den starken Mann zu loben,
der noch niemals ward besiegt,
deshalb auch man sehr ihn liebt.

Cäsar *(hebt die Hand. Die Legionen schweigen.)*
Soldaten, edle Männerschar,
versammelt seid ihr, um zu ehren,
wer sich errungen hat Lorbeeren.
Lob verdient ihr alle zwar,
tapfer seid ihr, das ist klar,
deshalb muss zuerst ich sagen,
dass ich habe keine Klagen.
Helden seid ihr alle hier,
dieses habt gezeigt ihr mir
gestern und in andren Schlachten.
Niemand dürfte euch verachten.
Ruhm und Ehre bringt ihr heim,
stolz darf heute jeder sein.
Extra aber will ich loben,
den, der gab besondre Proben
seines Willens, seiner Kühnheit,
den, der hat gar nichts gescheut.
Zuerst will ich die belohnen,
die die beste der Legionen.
Ihr gebührt besondre Ehr'
da sie stritt besonders schwer.
Deshalb komme zu mir her,
wer der Zehnten trägt den Speer.

*(Der Adlerträger der zehnten Legion tritt auf
die Bühne. Die Legionen trommeln mit ihren
Schwertern auf die Schilde.)*

Cäsar	*(zu dem Adlerträger)*
	Hier nimm dieses Goldgeschmeid'
	für den Heldenmut im Streit.
	Tragt im Kampf ihn vor euch her,
	dass man folg' dem Ehrenspeer
	und aufs Neue ihn begehr'.
Tuba	Tatu tatu tatu! Tatu tatu tatu!
Cäsar	Äußerst tapfer hat gestritten
	auch ein Mann, der aus der dritten.
	Nucifrangus Rapidus
	jetzt auf diese Bühne muss.
	Dieser Mann sei hier verehrt,
	denn er schlug mit seinem Schwert
	hundert der Britannen nieder,
	eh er selbst verlor die Glieder.
	Arm und Bein hat er verloren,
	weil er tapfer war geboren.
	Ein Zenturio soll er werden,
	dass mit Titel er kann sterben.
	(Man trägt eine Bahre mit dem Mann auf die
	Bühne. Cäsar setzt ihm einen Ehrenkranz auf
	den Kopf. Die Legionen trommeln.)
Tuba	Tatu tatu tatu! Tatu tatu tatu!
Cäsar	Heldenobermeisterschütze
	muss den Schleuderer ich nennen,
	der eröffnete das Rennen,
	da er schoss mit dem Geschütze
	durch das Tor die Eingangsritze.
	Bolzenius Flinticus Schutor
	komme jetzt zur Bühne vor.
	(Der Mann tritt vor. Die Legionen trommeln.)
Cäsar	Für dich gibt 's einen Edelstein,
	da du mit Steinen schlägst auch ein.

	(Er zeigt stolz den funkelnden Stein.)
Tuba	Tatu tatu tatu! Tatu tatu tatu!
Cäsar	Flamminius Brenntor Funcus,
	den wir müssen tot beklagen,
	ich hier noch erwähnen muss.
	Er mit seinem Kameraden
	brachte ihnen Feuerschaden.
	Unter schwerster Kampfeslast
	hat entflammt er den Palast.
	Auf dem Ehrentotenstein,
	den wir hier errichtet haben,
	soll er vorgehoben sein,
	weil er rühmlich wollte sterben.
	Ewig soll man von ihm sagen:
	so wie er möcht' ich auch werden.
Tuba	Tatu tatu tatu! Tatu tatu tatu!
Cäsar	Nun enthüllt den Ehrenstein,
	der zugleich die Toten preist
	und den Lebenden beweist,
	dass der, der ein Held wird sein,
	stirbt nicht ohne Sonnenschein.
	Hier in Marmor ist geschrieben,
	wer im Kampfe musst' erliegen
	unter mörderischen Hieben.
	(Der Ehrenstein wird enthüllt.
	Die Soldaten trommeln. Der Chor singt.)
Chor	Wer auf Erden ist gewandelt
	und hat ehrenhaft gehandelt,
	den soll das Gedächtnis hüten,
	wie man hütet schöne Blüten.
	Wer Bewunderung erregt
	bei den edelsten der Geister,
	wessen Leben man erstrebt,
	den nenn' man auch einen Meister.

Cäsar	Da besiegt die Briten sind
	und gekettet fest an Rom,
	zieh'n wir dorthin wo ich wohn',
	zieh'n wir heimwärts ganz geschwind.
	Euch verteil' ich alle Beute,
	Sklaven, Gold und Lederhäute.
	Ich begehre nichts für mich,
	denn ich bin ein Siegerich,
	der mit sich ist selbst zufrieden,
	wenn er immer nur kann siegen.
	Geiseln nehmen wir auch mit,
	damit hier bleibt unser Glück.
	Britenkönig gab die Söhne,
	gleich drei Stück und wunderschöne.
	Noch darf er auf Inselland
	drücken seine Herrscherhand,
	doch es wird einst Roms Armee
	weiden ab den Inselklee.
	Ihr, ihr seid ein Vortrupp nur,
	für den Haupttrupp, der zur Schur,
	einst kommt, wenn es zeigt die Uhr.
	Ihr dürft euch die ersten nennen,
	die die Briten lernten kennen.

Rückfahrt auf das Festland

Erzähler	Eh man konnt' zur Abfahrt rüsten
	und hin zu den Festlandsküsten
	wieder richten Schiffeskiele,
	musst' man bauen Schiffe viele,
	da des Meeres gierger Schlund
	hat gezogen auf den Grund
	viele dieser Schaukelschalen.

161

Baumgeschmückt war dieser Strand,
eh der Römer ging an Land.
Ab legt er vom Strand, dem kahlen,
denn man hat das Holz verwandt
für das Lager und die Schiffe,
die gestolpert war'n am Riffe.

Auf der Überfahrt zurück
stört ein andres Missgeschick,
das dem Schiffer immer droht
und das bringt ihm schwere Not,
wenn mit kleinen Nussschalbooten
man das wilde Meer befährt.

Zuerst Wölkchen silbergrau
mischen sich ins tiefe Blau,
rücken dicht und dichter auf,
bilden bald schon eine Decke,
undurchschaubar wie die Hecke,
blähen sich dann mächtig auf.
Bauchig-rund wie Schafeswolle
zeigen Formen sie dann volle.
Und der Wind, der sacht erst streicht
über Wasserkräuselwellen,
bald dem Sturm, dem starken, weicht,
der mit Rossen feurig-schnellen,
wirbelt auf das Firmament,
reißet mit sich, was ihn hemmt.
Segel, die sich sanft gebaucht,
fangen an, ganz wild zu flattern.
Tief der Kiel ins Wasser taucht
und die Männer bald schon schnattern,
denn der Eissturm gibt die Zügel
frei und bildet Wellenhügel.

Wenn ein Schiff nun durch sich wühlt
und die Hügel all zerkielt,
sprühen tausend Wasserfunken
über Bord und fallen nieder
auf die nass gespritzten Krieger.
In die Wasserberge tunken
sie die Ruder immer wieder.
Unruhig-stumm schau'n sie zum Himmel,
wo zuerst auf einem Schimmel
ritt der Sturm heran zu Taten.
Auf den Schimmel fallen Schatten,
bald erkennt man einen Rappen,
auf dem jetzt der Sturm herjagt
der die Meeresschiffer plagt.
Eine Wolkendecke dicht,
schirmet ab das Sonnenlicht,
hüllt in Dämmernacht die Erde,
türmt sich auf zum Wolkenberge.
Schwarzgrau wie die Kohlenmaus
sieht der Wolkenbau jetzt aus.
Kohlensäcke hängen schwer
überm sturmbewegten Meer.
Wellen türmen sich nun auf
und der Sturm in seinem Lauf
wirft die Schifflein hin und her,
hebt sie hoch und lässt sie fallen,
spielt mit ihnen wie ein Bär,
der die Maus hat in den Krallen.
Längst die Segel sind zerrissen,
denn der Sturm mit seinen Zähnen
hat das Leinentuch zerbissen
und spielt jetzt noch mit den Kähnen.
Auf und nieder tanzen sie

auf der salzig dunklen Brüh'.
Übers ganze Schiff die Gischt
ihre Wassermassen zischt.
Im Gesicht der Römer mischt
sich der Schweiß mit Wassertropfen
und die Herzen hämmern, klopfen,
da man gibt die letzte Kraft.
Eh man gänzlich ist erschlafft,
will die Hoffnung man ausschöpfen,
die noch herrscht in allen Köpfen.
Blitze in Gewitternacht
zeigen Farbenfeuerpracht.
Dunkelrot, so wie Purpur,
blütenrot und schwefelgelb,
was nur leuchtet auf der Welt
mischt im Blitze die Natur.
Und die Farbenfeuerschau
zeigt für einen Augenblick
alle Farben, die nicht grau,
sondern hell sind wie das Glück.
Feuerzungen, zwei und drei
leuchten auf zur gleichen Zeit.
Wenn ihr Züngeln dann vorbei,
macht sich gleich ein Grollen breit.
Wie wenn schwere Fässer man
rollt auf einer Bretterbahn,
so hört sich das Grollen an,
wenn noch fern ist das Gewitter.
Doch kommt näher es heran,
hört man Platzen und Gesplitter.
Wie Kanonenpulverknall
haut dann Donner seinen Schall
an die Trommelfelle hin
und betäubt der Menschen Sinn.

Paukenlärm und Bombenknall
macht die Herzen furchtsam all,
denn wer laute Töne macht,
glaubt man, habe Kraft und Macht.
Darum ducken stets die Krieger
furchtsam ihre Köpfe nieder,
wenn der Donnerknall ertönt,
der der Blitzes Feuer krönt.
Mit dem Helm und mit dem Becher
schöpfen sie das Wasser aus,
denn sie haben keine Dächer,
wie ein Dach hat jedes Haus.
Es umspült schon ihre Knie
kalte Meereswasserbrüh'.
Und nun brechen auch die Säcke,
stürzet ein die Wolkendecke.
Regentropfen voll und schwer,
plagen jetzt das Römerheer.
Regen steht auch bei dem Meer
und dem Sturm und dem Gewitter.
Alle Kräfte der Natur
machen nun das Leben bitter
jenem Heer, das heimwärts fuhr,
nach der Siegesheldentour.
Schöpfen aus sie einen Liter,
füllt zehn ein das Sturmgewitter.
Auf die Schiffe Wellenmauern
hoch wie Häuser stürmen zu,
werfen aus dem Tal die Schalen,
dass man muss die grad' bedauern,
die ergriffen hat im Nu
dieser Sturm, mit seinen Qualen.
Sinnlos ist das Rudern jetzt,

denn die Männer, ganz entsetzt
taumeln blind auf ihrem Boot,
werden hin- und her gerissen.
Schrecklicher noch wird die Not,
die schon über Bord geschmissen,
Fässer, Decken, Waffen, Brot.
Es zerbricht der Schiffesmast
unter Rahensegellast.
Fest umklammert jeder Mann,
was an Bord ihn halten kann.
Schreien hört man, Rufen, Fluchen.
Männer, die nach Freunden suchen,
hört man schreien Freundesnamen,
eh sie sprechen selbst das Amen.
Mit den Seilen binden sie
sich an ihren Schiffen fest,
und das Herz es jedem presst,
wenn ihn packt die Meeresbrüh'.
Wer ist über Bord geflogen,
den ergreifen gleich die Wogen.
Berge stürzen über ihn,
rauben ihm Verstand und Sinn,
und das Meer mit seinem Schlund
zieht hinab ihn auf den Grund.
Wen ergriffen hat das Meer,
den kann niemand retten mehr.
Jeder muss ja selber sorgen,
dass er leben kann noch morgen.
Keiner ist mehr Herr der Lage,
Herrscherin ist die Natur,
die gar manchen schickt zu Grabe,
der zurück nach Gallien fuhr.
Viele nicht von vielen Booten
kamen an am Festlandsstrand,

wo beklagten sie die Toten,
die man hatte gut gekannt.
Schlimmer als Britanniens Riffe
traf das Wetter Cäsars Schiffe.
Über Cäsar wieder wacht,
selbst in finstrer Schicksalsnacht,
Cäsars Glück und Cäsars Stern:
Sie begleiten ihren Herrn.
Als sein Boot vom Meer geschlagen,
selber er ganz ohne Schaden
kam im Gallierlande an,
stand bereit für ihn ein Mann,
der ein Bote war aus Rom.
Der bestieg ein Schifflein schon,
wollte segeln grad' davon,
als der Cäsar selber kam,
den wollt' sprechen ja der Mann.

Hiobsbotschaft für Cäsar

Bote	*(zu Cäsar)* Salve Cäsar, starker Mann, den gar nichts erschüttern kann. Du trägst an dem Unglück schwer, das dir auflud Sturm und Meer, doch sollst du noch tragen mehr. Weit von Rom eilt' ich hierher, um zu künden schlimme Mär.
Cäsar	Spar dir dieses Wortespiel, fange an und komm zum Ziel! Wer ist stark, der jammert nicht, trägt ganz einfach das Gewicht.
Bote	Es geht um die Julia,

	die dir stand doch immer nah.
Cäsar	*(unterbricht ihn)*
	Stand? Sie steht noch immer da,
	denn sie ist mein einz'ges Kind.
	Sag was los ist, sag 's geschwind!
Bote	Sie empfing von dem ein Kind,
	der dein Freund und Helfer ist,
	der in Rom dich unterstützt,
	dem du gut gesonnen bist,
	da er dir so sehr viel nützt.
	Den Pompeius meine ich,
	der stets war dein Helferich.
Cäsar	Was ist mit ihr, was ist mit ihm,
	was schleicht so lahm dein Schneckensinn?
	Leg doch das Päckchen auf den Tisch
	und öffne es ganz frei und frisch.
Bote	Pompeius trug am Glücke schwer,
	weil er nun Vater werden sollte.
	Er liebte doch die Julia sehr.
	Allein das Schicksal es nicht wollte,
	dass freu' ihn ungetrübtes Glück.
	Es raubte ihm das beste Stück.
Cäsar	Spuck 's aus! Das Kind ist tot!
Bote	Viel schlimmer noch ist seine Not.
	Die Julia starb im Wochenbett,
	und mit dem Kind es grad' so steht.
Cäsar	Du Unglücksbote wagst es hier,
	zu künden solches Unglück mir.
	Die Zunge sollte man dir spalten,
	dann würdest du die Mär behalten.
	Man sollte strafen das Verbrechen,
	dass du gewagt hast auszusprechen,
	was nicht sein darf und nicht sein kann.
	Du lügst, gib 's zu, du sprichst im Wahn.

168

Und willst du nicht sogleich gestehen,
müsst' ich dir deinen Hals umdrehen.
Die Totenvögel strafet man
für ihren Unglückstotensang.

Bote (furchtsam)
Oh, Cäsar, willst du Mörder sein,
an dem, der schenkte Unglückswein
aus schuldlos schlichter Flasche ein.
Der Wein ist es doch ganz allein,
der dir das Unglück bracht', die Pein.
Die Wahrheit wollt' ich künden dir,
dass lobst du mich, nicht grollst du mir.
Auch habe Briefe ich dabei,
die sagen dir, dass es so sei,
die machen dich von Zweifel frei.

Cäsar
Verfluchter Totenrabengeier
gib her mir deine schwarzen Eier.
(Er nimmt die Briefe in Empfang.)
Und nun hau ab und wag 's nie wieder
zu gurren solche Totenlieder.
(Der Bote zieht sich furchtsam zurück.
Cäsar öffnet die Briefe.)

Cäsar (für sich)
Das Sigel ist von Freund Anton,
der hält die Augen auf in Rom.
Was er mir schreibt, dem darf ich trauen,
auf ihn kann ich selbst Türme bauen.
(Er überfliegt den Brief.)
So ist es Wahrheit, was der Geier
mir vorgegurrt auf seiner Leier.
Die Julia tot und auch das Kind,
Pompeius selber trüb' gesinnt.
Was dies bedeutet, ist mir klar,

denn sie der Friedensengel war,
der hat verhütet jenen Streit, -
zu dem zwei Mächt'ge allezeit
getrieben werden durch den Neid.
Jetzt, Cäsar, sei du auf der Hut,
beachte was der andre tut,
denn sorgsam muss ich jetzt drauf schauen,
dass hebe ich mich selbst empor,
dass komm dem andern ich zuvor,
eh der wird mich einst niederhauen.
Es streiten sich ja Mächt'ge drei,
drum schür' ich erst die Streiterei,
die schwächen wird die andern zwei.
Ich selbst schaff' mir ein treues Heer,
das ich in vielen schweren Kriegen
noch führen will zu großen Siegen.
Es soll verlassen mich nie mehr.
Am Ende, wenn 's kommt zur Gewalt,
verleiht allein das Heer mir Halt,
da werden Kräfte abgewogen,
wer Worte hat nur, ist betrogen.
Es kommt drauf an, wer ist gescheit
und denkt an Krieg zur Friedenszeit.
Ich hol' aus der Provinz das Gold,
gewinn' damit in Rom das Volk
und Ruhm gewinn ich durch die Siege
- so bin ich stark im Bürgerkriege.

Gallier überfallen die römischen Winterlager

Erzähler

Inzwischen ist es Herbst geworden,
des Sommers Kraft ist abgestorben,
und neblig-kühl ist es am Morgen.
Es färbt sich bunt das Laub der Bäume,
vergangen sind die Sommerträume.
Und gelb und grün und braun und rot
erwartet es den Wintertod.
Die Winde durch das Astwerk jagen
und reißen mit die Farbenblätter,
die kraftlos jetzt, in alten Tagen,
nicht trotzen können diesem Wetter.
Die Stürme wirbeln sie empor
und lassen fallen sie dann wieder,
sie taumeln zu der Erde nieder,
die heut zum ersten Mal gefror.
Man höret Jammern, Pfeifen, Heulen,
vernimmt der Stürme Schauerchor,
denn jetzt durch Büsche, Ritzen eilen
auf wilden Rossen sie daher
und fegen alle Bäume leer.
Die Wolkennebel schleierhaft,
sich über den Gewässern zeigen.
Nach Süden will die Sonn' sich neigen,
drum schwindet auch die Sonnenkraft.
Auf abgemähten Wiesen weiden
die Rinder noch das letzte Gras.
Die Menschen friert 's an Ohr und Nas',
drum sie an Ohr und Nase reiben.
Erschöpft sind von den Sommerkriegen
die Römer, die wohl konnten siegen,
doch lieber jetzt im Lager liegen.

Man teilt sie auf in Gallien
und eh die Winterstürme weh'n,
ruh'n sie in Lagern, wohlgeschützt,
und von den Völkern unterstützt.
Die müssen nämlich dafür zahlen,
dass Römer sich ihr Land wegstahlen.
Die Bauern müssen geben schwer,
sie geben Rinder, Wein, Getreide,
dass sie nicht dulden müssen Leide
von diesem Römerfresserheer.
Wo nur ein Hoffnungsfunke blitzt,
die Freiheit wiederzugewinnen,
sogleich die Lage aus man nützt
und schon beginnt ein wildes Ringen.

Soldaten auf Wache

Eintönig ist das Lagerleben,
wenn ausruht dieser Krieger Degen.

Hört was in einer Winternacht
Soldaten reden auf der Wacht.
(Drei Soldaten halten in einer
Winternacht in einem Lagerturm Wache.)

Erster Soldat	*(zum Zweiten)*
	Schau du mal raus. Wie geht 's dem Feind.
Zweiter Soldat	Ich hab' die Arbeit schon getan,
	und drum bist du jetzt wieder dran.
	Du lass mich bloß in Ruhe liegen
	Ich kann jetzt nicht, bin grad am Siegen.
Dritter Soldat	Komm schmeiß die Würfel, mach schon zu!
	In diesem Lande herrscht jetzt Ruh'.
	Man darf ja nicht von uns erwarten,
	dass wir für dieses bisschen Sold

	noch nachts schau'n durch die
	Schützenscharten.
	Da müsst' man geben uns schon Gold.
Erster Soldat	Du weißt, es lautet der Befehl,
	dass man sich an die Scharten stell
	und blickt hinaus bis es wird hell.
Zweiter Soldat	Dann folge du auch dem Befehl,
	weil du hier sowieso nichts tust,
	du liegst nur da und schimpfst und ruhst.
Erster Soldat	Man stellte auf Soldaten drei,
	zu wachen bis die Nacht vorbei.
	Und ich hab' mich schon abgeschunden,
	weil ich gestanden hab' mehr Stunden,
	als einem zukommt von uns drei.
	Soll ich denn hier der Trottel sein,
	der wachen muss für drei allein?
Dritter Soldat	Du bist der Trottel, glaub es mir,
	sonst würde es einleuchten dir,
	dass deine ganze Steherei
	von Geist war und von Sinnen frei.
	Die Müdigkeit ist nur der Lohn,
	dass du solang gestanden bist,
	denn dass kein Feind vorhanden ist,
	hab' vorher ich gesagt dir schon.
Erster Soldat	Und wenn er doch gekommen wär',
	hätt' alarmiert ich gleich das Heer.
Dritter Soldat	Das ist 's ja grad, das „Wenn" ist leer,
	die Feinde kommen nimmermehr.
	Und wär' das Wörtchen „Wenn" nicht leer,
	dann gibt es Türme ja noch mehr,
	wenn wirklich käm' ein Feindesheer.
Erster Soldat	Ihr tut hier also nicht die Pflicht,
	die man euch aufgetragen hat?

	Das straft das Militärgericht.
Dritter Soldat	Ich hab' das Tragen endlich satt.
	Und wer kann es denn je erfahren,
	dass wir hier nachts so pflichtscheu waren?
Zweiter Soldat	Wer ein Esel ist, soll tragen,
	ich hüt mich vor solchem Schaden.
	(zum Dritten)
	Lass ihn doch im Köpfchen kramen,
	vielleicht wird er auch mal klug,
	wenn er hat vom Steh'n genug
	und die Glieder ihm erlahmen.
Erster Soldat	Wollt ihr, dass ich muss berichten,
	wie versäumte man die Pflichten.
	Ihr seid mir nicht Kameraden,
	lasst allein mich alles tragen.
Dritter Soldat	Oh, du willst es doch nicht haben,
	dass wir führen böse Klagen,
	denn wir werden es bezeugen,
	dass du wolltest nur vergeuden
	diese Zeit, die wir gewacht.
	So war 's damals in der Nacht!
Zweiter Soldat	Ja, so war 's, ich geb' es zu.
	Ich tat die Nacht kein Auge zu,
	nach Feinden schaut' ich immerzu,
	weil dieser da nur suchte Ruh'.
	(zum Dritten)
	Und jetzt spiel weiter, Kamerad,
	denn es ist mir die Zeit zu schad',
	mich mit dem Dummen hier zu streiten.
	Das ziemt sich nicht für die Gescheiten.
Erster Soldat	Halt du hier bloß den Atem an,
	sonst drück ich zu der Lüfte Bahn.
	Wer hat erfüllt die schuld'ge Pflicht,
	braucht sich beschimpfen lassen nicht.

Es soll euch plagen das Gewissen,
beruhigt schlaf ich auf meinem Kissen,
denn das soll eure Strafe sein,
dass ihr euch selber fühlt nicht rein.

Dritter Soldat
Zweimal die Sechs, dazu die Drei.
Ha, das Spielchen ist vorbei.
Und dich kostet dieser Spaß
genau gerechnet fünfzig As.

Zweiter Soldat
Lass uns ein Spiel beginnen neu,
das Glück soll bleiben dir nicht treu.
Auch ist die Nacht noch nicht vorbei.

Dritter Soldat
Wenn du erträgst die Doppelschlappe,
die geb' ich dir auf deine Kappe.

Erster Soldat
Pech und Glück sind gleich verstreut,
deshalb dich das Glück jetzt scheut,
denn wenn ewig ging das Spiel,
wäre Gleichheit nur das Ziel.

Dritter Soldat
Doch da wir nicht ewig spielen,
werde ich Gewinn erzielen,
denn es kann ja durchaus sein,
dass das Glück ist heute mein
und erst morgen wieder dein.
Ich spiel nur in solcher Nacht,
in der mir das Glück auch lacht.
*(Die Tür zum Turm wird plötzlich aufge-
sprengt und Gallier stürzen herein.
Die Römer sind vor Schreck erstarrt.)*

Ambiorix
*König der Euburonen
(zu den Römern)*
Das war euer letztes Spiel,
euer Leben ist am Ziel!

Erster Soldat
(erwachend)
Ambiorix, ich kenn' den Mann.

175

	Ihr zwei, ihr seid nur Schuld daran,
	dass ungesehn er schlich heran.
	(Er steht rasch auf und schreit hinaus.)
	Alarm! Alarm! Ein Gallierschwarm
	greift unsre Lagerfestung an!
Ambiorix	*(stößt ihm das Schwert in den Rücken)*
	Dieses war dein letzter Schrei,
	denn jetzt ist 's mit dir vorbei.
	Anders nicht geht es euch zwei.
	(zu seinen Leuten)
	Machet diese zwei da nieder,
	dass sie nicht noch singen Lieder.
	Dieser Schrei, der hat verraten
	unsere geheimen Taten.
Erster Soldat	*(springt auf, ergreift Schwert und Schild*
	und stellt sich in eine Ecke.)
	Für mein Leben sollt ihr zahlen,
	eh ich sterbe, duldet Qualen!
	(Er schreit hinaus, indem er sich
	gegen die angreifenden Gallier verteidigt)
	Römer, Römer wachet auf,
	kommt heran im Dauerlauf!
	Gallier sind hier im Turm,
	wehrt euch gegen ihren Sturm!
	(Er fällt durch einen Speerwurf.)
	(sterbend)
	Verfluchte Winternacht,
	ach, hätt' ich bloß gewacht.
Dritter Soldat	*(sterbend)*
	Das „Hätte", Freund, das hat man nie,
	wenn man daran nicht denkt sehr früh!
Ambiorix	*(zu seinen Leuten)*
	Nehmt die andern Türme jetzt,
	an die Mauer Leitern setzt.

	Sprenget auf des Lagers Tor,
	kommt den Römern noch zuvor,
	denn sie rüsten schon zum Streit,
	laufen auf dem Hof zusammen.
	Wollen wir zum Sieg gelangen,
	dann verschenkt jetzt nicht viel Zeit.
Tuba	Tätä tätä tätä! Tätä tätä tätä!
Lagerkommandant	*(vor den aufgestellten Truppen)*
	Die Feinde sind im Lager schon.
	Man darf verlieren Zeit jetzt nicht.
	Es tue jeder seine Pflicht.
	Wer seine Pflicht tut, erntet Lohn.
Erster Zenturio	*(zu seinen Leuten)*
	Eilet hin zum Lagertor,
	kommt den Feinden dort zuvor.
Zweiter Zenturio	Kämpft die Mauern wieder frei
	von Barbarensauerei!
Dritter Zenturio	Denen, die im Lager stehen,
	soll durch uns es elend gehen.
	Wer ins Lager eingebrochen,
	wird von uns jetzt abgestochen.
Lagerkommandant	*(zu einem Offizier)*
	Wie ist möglich Überfall,
	wenn man wacht doch überall.
	So was darf gar nie passieren,
	denn die Wachen müssen 's spüren,
	wenn der Feind naht in der Nacht.
	So ein Heer schleicht ja nicht sacht,
	fällt doch jedem auf, der wacht.
Offizier:	Ja, man schlief im dritten Turm,
	denn von dorther kommt der Sturm.
	Als man hörte Hilfeschrei,
	war'n die Mauern nicht mehr frei.

177

	Das war eine Schlamperei.
Lagerkommandant:	Bring die Wachen mir herbei,
	ich will strafen diese drei.
Offizier	Sie bekamen ihren Lohn.
	Ihre Schuld straft' selber schon.
	Nieder schlug man diese drei,
	als wir hörten Schreierei.
	(Wachen bringen einen Boten.)
Wache	Dieser Bote klopfte an.
	Hört sich römisch an der Mann,
	deshalb ließen wir ihn ein.
	Auch scheint wichtig es zu sein,
	was er bracht' von draußen rein.
Lagerkommandant	*(zu dem Boten)*
	Nun, befrei dich von der Kunde,
	schleud're sie aus deinem Schlunde!
Bote	Ich wollt' warnen vor dem Brand,
	denn ganz Gallien aufstand,
	Doch wie 's scheint, ist es bekannt.
	Alle Lager in dem Land,
	die sind in der Römer Hand,
	hat getroffen Überfall,
	Gallier stürmen überall.
	Allgemein ist der Aufstand.
	Unser eignes Lager fiel,
	Römertote gab es viel.
	Andere sind ganz umzingelt,
	dort das Sterbeglöcklein bimmelt,
	da der Hunger tötet die,
	denen fehlt die Fleischesbrüh'.
	Unser Lagerkommandant
	hat zu euch mich her gesandt,
	dass ich mache hier bekannt
	dieser Dinge üblen Stand.

Eis und Schnee bedeckt das Land.
Viele Tage bitter-kalt
stapft' mein Pferd durch Winterwald.
Nur in Hütten kehrt' ich ein,
die von Dörfern fern, allein
stehen an dem Waldesrain.
Feindesheere sah ich viele,
die marschierten zu auf Ziele.
Aber schwer kommt man voran,
wenn man tritt sich neue Bahn
durch das tief verschneite Land,
das vom Sommer her ich kannt'.
Anders sieht 's im Winter aus,
wenn verschneit sind Weg und Haus.
Wie im fremden Loch die Maus,
weiß man weder ein noch aus.
Flüsse selbst gibt es nicht mehr,
alle sind sie zugefroren.
Oft hab' ich den Weg verloren,
da das Land mich trügte sehr.
Nur die Sonne und die Sterne
führten mich zu euch hierher,
wo ich möchte rasten gerne,
weil ich hab' gelitten schwer.

Lagerkommandant   *(zu den Wachen)*
Gebet Nahrung diesem Mann,
denn er hört sich hungrig an!
(Die Wachen führen den Boten weg.)
(zu dem Offizier)
Ein Aufstand also, allgemein,
ich dacht' es doch, nur so kann 's sein.
Das hätt' gewagt kein Stamm allein.
Und wir sind mit geschlossen ein.

179

	(Ein Zenturio eilt heran.)
Zenturio	Die Feinde sind zurückgeschlagen
	und wir das Lager wiederhaben.
	Die Mauern sind von Feinden rein.
	Es kann nun niemand mehr herein.
	Wir stießen ihre Leitern weg,
	bewarfen sie mit Pech und Dreck.
	Nur wenige war'n eingedrungen,
	drum ist die Abwehr uns gelungen.
	Allein, wir sind von Not nicht frei,
	es droht uns schlimme Keilerei.
	Umschlossen ist das ganze Lager
	von Feindesscharen, gar nicht mager.
	Sie stellen Palisaden auf
	und richten sich für länger ein.
	Es ist ein wilder Heereshauf',
	der wartet, dränget, will herein.
Lagerkommandant	Das darf und soll und kann nicht sein.
	Jetzt haltet mir die Tore dicht,
	damit kein Feind ins Lager bricht.
	Schafft auf die Mauern Pech und Stein.
	Die Nahrung teilt mir sorgsam ein.
	Der Feind darf hier niemals herein.
	Dies Lager werde ich bewahren
	vor diesen räuberischen Scharen.
	Der Cäsar hat mir aufgetragen,
	dies Römerlager zu verwalten.
	Ich darf auf keinen Fall versagen,
	drum muss das Lager ich erhalten.
	Und dir, Zenturio, trag ich auf,
	heut Nacht dich durch den Feind zu
	schleichen,
	denn du, du sollst nach raschem Lauf
	den Cäsar möglichst bald erreichen.

	Du bist ein Mann, dem ich vertrau',

Du bist ein Mann, dem ich vertrau',
da du gehandelt hast nie lau.
Zum Rubico trag du die Kunde
vom Aufstand dieser Gallierhunde,
dass Cäsar rüste gleich ein Heer,
das führ' zur Hilfe er hierher.

Zenturio Ich werd' entreißen der Gefahr
die stolze Römerstreiterschar.
Setzt eure Hoffnung all auf mich,
ich werd' euch lassen nicht im Stich.

Cäsar schlägt den Aufstand nieder.

Erzähler Als Cäsar wurde alarmiert,
dass man in Gallien Brände schürt,
warb an er siebentausend Mann,
mit denen er den Marsch begann.
Die Gallier hätten nie geglaubt,
dass dieses Häuflein zu 'was taugt.
Auch lag das Land im Schlummertraum,
da tiefer Schnee es zuließ kaum,
dass vorwärts kam ein Mann im Schnee,
geschweige denn eine Armee.
Allein des Cäsars Herrscherwille
brach Bahn sich durch verschneite Stille.
Es dampft des Atems Silberrauch,
und oft der Schnee reicht bis zum Bauch.
Wer tritt die Bahn, der hat 's am schwersten,
drum wechseln ab sich stets die ersten.
Oft die Erschöpften wollen rasten,
wenn ihre Kraft sie hat verlassen,
doch Cäsar nur will vorwärts hasten,
trotz dieser Kälte, dieser nassen.

Nicht selten streift den Pferden auch
der Sternenschnee an ihrem Bauch,
dann bäumen sie sich mächtig auf
und stehen auf dem Hinterlauf.
Jetzt machen weite Sprünge sie,
um zu befreien ihre Knie.
Gefroren sind hier Fluss und Bach.
Allein, es macht nicht selten Krach
und Pferd und Reiter brechen ein
in eisig-kalten Quellenwein.
Es drückt der Schnee aufs Hüttendach.
Ein Kugelbau ist jedes Haus,
und weich-verschneit sieht alles aus.
Die scharfen Formen gibt 's nicht mehr,
es rundet ab der Schnee die Kant',
und gleichsam durch ein Nebelland
zieht Cäsars Römerhilfeheer.
Die Arme senkt der Baumesmast,
wenn allzu schwer drückt ihn die Last.
An reinem Wasserbrunnenquell
entsteht auch Glas in Kälte schnell,
denn überall wo es ist nass,
da bildet Kälte Wasserglas.
An Bäumen auch und Dächern halten
sich Eisglaszapfen, diese kalten.
Und wenn der Sonne gold'nes Licht
durch diese Wunderwerke bricht,
dann funkeln sie im Sonnenschein
so wie der reinste Edelstein.
Die Farben schillern, hell und pur,
wie sie erzeugt nur die Natur.
Auch glänzet grell der Sternenschnee
in Morgensonnenwinterpracht,
wenn sich die Sonne, in dem See

gespiegelt selbst entgegen lacht.

Als nun die Gallier vernommen,
dass Cäsar selbst ist angekommen,
verachten sie die Römerschar,
die doch so winzig klein nur war.
Das Lager lassen sie zufrieden
und eilen Cäsars Heer entgegen,
denn dieses wollen sie besiegen
und jenem nehmen weg das Leben.
Indes der Cäsar weicht geschickt,
sooft er nur den Feind erblickt,
bis er auf günstigem Gelände
dem Zaudern macht ein rasches Ende.

Cäsar *(zu seinen Offizieren)*
Hier will ich den Feind erwarten,
denn dies ist mein Siegergarten.
Ziehet Wall und Graben rasch,
sputet euch, zeigt euch nicht lasch.
Zirkelt ab den Kreis ganz klein,
türmt besonders hoch den Wall,
dass erregen wir den Schein,
als sei'n wir hier furchtsam all.
*(Die Offiziere machen sich an die
Ausführung der Befehle.)*

Quintus Willst eröffnen du die Schlacht
gegen solche Übermacht?
Siebentausend gegen zwanzig -,
diese Sache scheint mir ranzig.
Zwar kämpft für uns das Gelände,
doch mehr wiegt die Zahl der Hände.
Schlagen sollt' man erst den Feind,
wenn die Kräfte sind vereint.

183

War nicht dieses stets dein Trick,
dass zuerst du teilst den Feind,
eh du setzt aufs Spiel dein Glück,
weil das einfach klüger scheint.

Cäsar
Man muss wissen wie und wann
man die Regel wendet an.
Das macht eben das Genie,
dass für jeden Augenblick
es hat den besond'ren Trick,
der den Feind zwingt auf die Knie.
Lässig kommt der Feind hier an,
denn es trügt ihn ja der Wahn,
dass er uns für furchtsam hält.
Völlig arglos wird er sein,
aufgelockert in den Reih'n,
weil es ihm wohl ein nicht fällt,
dass man greifen könnt' ihn an.
Leicht wirft den man aus der Bahn,
leicht man dem die Fassung raubt,
der an Angriff niemals glaubt.
Wenn sie kommen hier heran,
öffnen plötzlich wir das Tor,
brechen mutig-schnell hervor,
schlagen zu mit aller Wucht.
Dieser Schreck löst aus die Flucht.
Selbst die Katz' flieht vor der Maus,
wenn die stürmt zum Loch heraus,
wenn zum Angriff sie anschwirrt,
da die Katz' das ganz verwirrt.
Und sobald die ersten fliehen,
wird sich niemand mehr bemühen,
seinen Schreck zu überwinden,
alle werden mit ihn ziehen
in der Flucht, in der geschwinden.

Eh der Katze wird bewusst,
dass sie floh vor einer Maus,
ist das Spiel für uns schon aus,
weil durchbohrt ist Feindesbrust.

Erzähler	Wie es Cäsar hat gesehen,

sollt' am nächsten Tag es gehen.
Ohne Ordnung kommt der Feind
an den Lagerwall heran,
fängt zu spotten auch gleich an,
da voll Furcht der Römer scheint.
(Im Römerlager. Hinter dem Lagertor.)

Cäsar — Jetzt sie kommen all heran.
Macht euch fertig zur Attacke.
Sobald ich mein Schwert anpacke,
wird das Tor hier aufgetan.

Erster Römer — Diese Spannung frisst mich auf,
wenn ich wär' bloß schon im Lauf.
(zu seinem Pferd)

Zweiter Römer — Pass jetzt auf, mein braver Gaul,
wenn es losgeht, sei nicht faul!

Zenturio — *(zu den anderen)*
Stellt euch in der Reihe auf,
dass im Tor wir uns nicht drücken.
Wenn der Angriff soll uns glücken,
muss auch frei sein unser Lauf.

Cäsar — Auf das Tor! Stimmt an den Chor!
(Die Tore werden aufgerissen.
Die römischen Reiter stürmen hinaus.)

Römer — *(im Chor)*
Den Angriff wagt!
Den Feind erschlagt!

Erster Römer — Da flieht die ganze Hasenschar,

185

	die tapfer vor dem Kohl nur war.
Zweiter Römer	*(holt einen Feind ein)*
	Du sitzt wohl auf dem falschen Gaul,
	drum muss ich leider dich erstechen.
	Dass du warst bei der Wahl so faul,
	das muss jetzt bei der Flucht sich rächen.
	(Er stößt ihm den Speer in den Rücken)
Dritter Römer	*(jagt einen Feind)*
	Wo ist dein Mut, du Hasenfeind?
	Hast ihn verloren, wie mir scheint!
	Wenn du nicht warten willst, nun gut,
	dann wünsch ich nur noch guten Flug.
	(Er schießt dem Pferd einen Pfeil in die Fessel. Das Pferd stürzt. Der Reiter fällt.)
Vierter Römer	*(holt einen Feind ein)*
	Setz dich zur Wehr und fliehe nicht,
	wenn dich ein tapf'rer Feind anspricht!
Gallier	Lass mich, ich hab' jetzt keine Zeit,
	zu sprechen wär' jetzt nicht gescheit,
	denn wer viel spricht, der kommt nicht weit.
Vierter Römer	Viel weiter wirst du auch nicht kommen,
	denn ich bin feindlich dir gesonnen.
Gallier	Hab' ich dir etwa was getan?
Vierter Römer	Ihr wolltet greifen uns doch an,
	eh wir es euch zuvorgetan.
Gallier	Ich bin doch nur ein Herdentier
	und deshalb kann ich nichts dafür,
	dass unsre Herde kam hierher
	und drohte euch mit Schwert und Speer.
Vierter Römer	Wer sucht sein Glück in einer Herde,
	der mit der Herde auch verderbe.
Gallier	Ich bitte dich, sei nicht gemein
	und lass mich geh'n, mich armes Schwein.
Vierter Römer	So geh! Nicht wert bist du,

	mein Feind zu sein.
Cäsar	Voran! Sie müssen übern Fluss,
	dort machen wir mit ihnen Schluss.
	Es kämpft die Strömung hier für Rom,
	seht nur, die ersten straucheln schon.

(An dem Fluss stellt sich der Teil der Feinde, der nicht hinübergelangen konnte, zur Schlacht.)

Cäsar	Die Adler tragt voran!
	In Ordnung greift sie an!
Römer	*(zu einem Feind)*
	Weich dem Römer, du Barbar,
	dass Kultur siegt, das ist klar.
Gallier	Doch wenn wir Kultur nicht wollen,
	warum wir sie haben sollen?
	Glücklich waren wir, zufrieden,
	eh der Römer durfte siegen.
Römer	Eine Kraft, die ist erwacht,
	strebt nach Größe und nach Macht,
	deshalb Rom sich breit jetzt macht.
Gallier	Wir auch haben doch ein Herz,
	das fühlt der Gefang'nen Schmerz.
Römer	Schmerz gehört nun mal zum Leben,
	denn wo Kräfte sich bewegen,
	wo ist Wandlung, Wachstum, Kampf,
	gibt es Hitze, Schmerzen, Dampf.
	Rom muss alle Welt besiegen,
	denn Rom soll die Welt befrieden.
	Nur die Macht ist unser Glück,
	deshalb weiche du zurück.
Gallier	Freiheit nenne ich mein Glück,
	für das ich mein Schwert hier zück'.
Römer	Unsres Glückes Widerspruch

ist nun mal der Menschheit Fluch.
Du willst Freiheit, ich die Macht,
deshalb kommt es hier zu Schlacht.
Ich muss hier dir leider schaden,
denn der Schwächere geht baden.
(Die Römer drängen die Gallier in den Fluss.
Die Gallier fliehen oder werden vom Fluss
fortgerissen.)

Cäsar   Haltet ein, es nachtet schon.
Die Verfolgung bringt nicht Lohn.
Viel Verluste haben wir,
folgt jetzt in das Lager mir,
wo wir die Verletzten pflegen
und das Weitere überlegen.
(Die Römer sammeln sich und stapfen zum
Lager zurück. In diesem Augenblick reitet ei-
ne Horde geschlagener Römer heran.)

Anführer   *(der geschlagenen Römer)*
Cäsar, Cäsar, es ist aus,
uns warf man zum Lager raus.
Lange haben wir gelitten
unter Hunger, Durst und Feind.
Alle haben sie vereint
gegen unser Heer gestritten.
Tausende, die sind verloren,
da sie trugen keine Sporen.

Cäsar   Sprich doch klarer, lieber Mann!
Niemand dich verstehen kann.
Sag, wie fing die Sache an!

Anführer   Es war vorbereitet lang
dieser Plan, eh er gelang.
Vercingetorix, berühmt,
hat zum Führer sich erkühnt,
der ganz Gallien wiegelt auf,

treibt des bösen Schicksals Lauf.
Er mit seiner Führerhand
hat vereint das ganze Land
und begonnen den Aufstand.
Kaum ein Stamm hält mehr zu Rom,
alle sind gefallen schon,
denn es lockt der Freiheit Lohn.
Selbst wen wir einst Bruder nannten,
zeigt jetzt gegen uns die Pranken.
So sie uns den Titel danken.
Vercingetorix, der Mann,
fing besonnen alles an.
Er legt' Magazine an,
voll mit Pferden, Waffen, Essen.
Nichts hat dieser Mann vergessen.
Auf sein Zeichen ging es los,
überall spürt man den Stoß.
Noch kein Aufstand war so groß.
Alle Lager im Bereich
stürmten Gallier zugleich.
Niemandem konnt' es gelingen,
uns die nöt'ge Hilf zu bringen,
denn gefangen waren alle,
da sie selber schlug die Falle.
Unser Lager, ganz im Norden,
hatte wohl die größten Sorgen.
Zuerst schickten Boten wir
zu den Lagern und zu dir,
doch sie kamen nicht zurück,
also wagten wir das Glück,
brachen aus dem Lager aus,
da die Nahrung ging uns aus.
Leider waren wir schon schwach,

da man hielt uns lang in Schach.
Jäh zerschlug der Feind das Heer,
grausig wütete sein Speer.
Unser Lager stand in Flammen
und das Heer war schon geschlagen,
als wir taten uns zusammen,
um den Durchbruch noch zu wagen,
denn zuletzt man doch versucht,
sich zu retten durch die Flucht.
Wen'gen konnt' es nur gelingen,
ihre Reihen zu durchdringen,
diesen Kessel aufzusprengen
und hierher, zu dir, zu rennen.
Auf der Flucht packt' uns die Not,
niemand wollte geben Brot,
alle wünschten uns den Tod.
In den Dörfern gibt es keinen,
der die Römer würd' beweinen.
Dieses Land ist jetzt verloren,
gegen Rom hat sich 's verschworen.

Cäsar   Häng den Rüssel nicht so tief!
Er kann gehen ja nur schief,
wenn man aufgibt, weint und klagt.
Da ist klar, dass man versagt.
Ich, ich kämpfe bis zum Ende.
Ich erzwinge jetzt die Wende.
denn dies lass dir hier mal sagen:
Ohne Sinn ist alles Klagen.
Ist der Lebensmut verloren,
ist 's als sei man nicht geboren.
Freilich ist das Leben schwer,
doch allein der Kampf bringt Ehr'.
Bis mein Herz wird stehen stille,
solang trotzet auch mein Wille,

190

denn wer aufgibt in der Not,
der gibt selber sich den Tod.
Komm, Zenturio, zu mir her!
(Ein Zenturio tritt an Cäsar heran)
Du hast die besond're Ehr',
sogleich hin nach Rom zu reiten.
Dort sollst künden du die Not,
die die Gallier bereiten,
sollst die zwei Legionen holen,
die Pompeius mir anbot,
eh man mir mein Land gestohlen.
Und ich sag dir, werd' nicht matt,
führ' die Männer mir im Trab
hier nach Gallien herab.

Zenturio   Meinem Pferd geb' ich die Sporen,
dass es flach legt seine Ohren.

Cäsar   Jetzt brauch ich noch weit're Renner,
die sind dieses Landes Kenner.
Alle Lager sollen hören:
Ich beende das Verschwören.
Man muss ihre Hoffnung schüren,
dass den Mut sie nicht verlieren
Cäsar, kündet, sei entschlossen
abzustellen diese Possen.
(Boten werden ausgewählt und sogleich abgesandt.)

Cäsar   Schlafet euch gut aus die Nacht,
morgen zieh'n wir in die Schlacht,
denn ich werde es nicht dulden,
dass man drückt mich in die Mulden.
Diese Feinde werd' ich hetzen,
werde lehren das Entsetzen.
Wenn ich hier nicht gleich was mach'

würde zeigen ich mich schwach,
und der Schwache erntet Spott,
deshalb zeig' ich mich als Gott.
Nur wer greift verwegen an,
den hält man für einen Mann.

Erzähler	Schlecht schlief man im Römerlager,
	da man war ein Häuflein mager,
	und von der geschlagnen Horde
	hörte man vom Römermorde.
Erster Römer	*(von der geschlagenen Horde)*
	Ich sag' euch, das geht nicht gut,
	wenn man wagt aus Übermut,
	wie der Cäsar dies jetzt tut.
	Ich weiß, wie die Sache steht,
	weiß was für ein Lüftlein weht.
	Meinem Ross verdank ich 's nur,
	dass entkam ich selbst der Schur.
	Und jetzt will der Cäsar haben,
	dass wir sollen wieder wagen
	unsern Kopf und unsern Kragen.
Zweiter Römer	Sag', ist 's wahr, was man berichtet,
	alle Lager sei'n vernichtet?
	Alle Römer seien tot
	oder leiden große Not?
	Und dass die Barbarenscharen
	den Gefang'nen nichts ersparen,
	dass sie martern grauenhaft,
	eh der Tod hinweg sie rafft?
Erster Römer	Noch viel schlimmer, sag' ich dir,
	wüten sie als jedes Tier.
	Lieber gib dir selbst den Tod,
	als zu dulden solche Not,
	wie sie diese dir ersinnen,

wenn es ihnen kann gelingen,
dich lebendig abzuführen.
Da lernst du die Nerven spüren.
Nadeln ritzen dir die Haut,
und wenn du willst schreien laut,
brennen aus sie dir die Zunge,
dass vergeblich haucht die Lunge.
Manche hörte ich auch sagen,
dass sie an den Feiertagen
Menschen opfern dem Altar,
dass sie schneiden ab das Haar,
dann die Opfer ganz fest binden
und mit Glut und Feuer schinden.
Oftmals sind auch ält're Kinder
den Gefangnen üble Schinder,
denn die dürfen mit dem Speer
sich im Blutvergießen üben,
dass sie fischen nicht im Trüben
und das Ziel nicht ganz ist leer.
Martern gibt 's ja ganz apart
von der Zehe bis zum Bart.

Dritter Römer	Und du weißt es ganz genau,
	dass dort handelt man nicht lau?
Erster Römer	Glaubt ihr denn, ich würd' 's erzählen,
	würd' mich mit Gedanken quälen,
	die mir selber bange machen,
	wüßt' ich nicht um diese Sachen?
	Ich sag' euch nur wie es steht,
	dass ihr auch bewusst hingeht
	zu der Schlachtbank dort im Norden,
	wo man euch all wird ermorden.
Zweiter Römer	Cäsar wird schon für uns sorgen.
	Ihm vertrauen wir ja alle,

dass er aufbricht diese Falle.
Wenn der Cäsar ist dabei,
bin von Furcht ich immer frei.
Wie ist 's heute denn gegangen?
Den Feind hat er ausgelacht,
hat vertrieben Übermacht,
konnt' zum Sieg sogar gelangen.
Was der Cäsar packt auch an,
ist geglückt eh es getan.

Dritter Römer Der strahlt Kraft aus und auch Ruhe,
deshalb gern ich alles tue,
wenn der Cäsar geht voran.

Erster Römer Jeder Mensch hat seine Grenze
und wenn er wagt solche Tänze,
wo der Partner ist ein Bär,
wird nicht lange tanzen er.
Wenn gesiegt er hat bisher,
rührt dies sicher nur daher,
dass sehr stark war auch sein Heer.
Doch was er jetzt fängt grad an,
muss ich nennen Größenwahn,
denn die Grenze ist erreicht,
wo das Glück selbst nicht mehr reicht,
wenn schon der Verstand ihm weicht.

Dritter Römer Magst die Wahrheit du besitzen,
für den Cäsar möcht' ich schwitzen.
Wir auch haben keine Wahl,
als zu teilen seine Qual.

Zweiter Römer Ja, wir haben 's ihm geschworen,
dass, wenn er einmal verloren,
wir sein Schicksal wollen teilen,
deshalb wir bei ihm verweilen.

Erster Römer Ihr sollt 's haben, wie ihr 's wollt.
Wenn das Schicksal euch jetzt grollt,

soll es meine Schuld nicht sein,
ich schenkt' ein euch reinen Wein.
Euch zwei wollte ich erretten
vor des Krieges Eisenketten.
Eh der neue Tag erwacht,
hab' ich mich davongemacht.
Ich kämpf nur, wenn ich bleib Sieger,
denn ich bin ein schlauer Krieger.
Noch bin ich zu jung zum Sterben,
ich will auch noch Vater werden
eh ich sterben kann mit Mut.
Leben soll ja noch mein Blut.

Zweiter Römer
Ich bin zum Sterben alt genug,
auch find' ich gar nichts an der Erde,
das ich vermisse, wenn ich sterbe.

Dritter Römer
Wenn es vergönnt ist einem Mann,
dass er in Ehren sterben kann,
warum soll er dann halten fest
an einem kleinen Lebensrest?
Wer keine Hoffnungen mehr hat
und ist von diesem Leben satt,
der wünscht sich eine letzte Tat,
die schließt sein Leben rühmlich ab.

Erster Römer
So gebt zum Abschied mir die Hände,
eh euch ereilt des Lebens Ende.
(Sie geben sich die Hände und trennen sich.)

Erzähler
Ein dämmrig-kalter Wintermorgen
weckt auf des Lebens Wintersorgen.
Es plagt die Herzen Angst und Not
und wessen Geist schon denkt sehr weit,
der schließt jetzt ab mit seiner Zeit,
da er denkt an des Kriegers Tod.

Eh ihn ereilet noch das End',
verfasst er rasch sein Testament,
vertraut es einem Freunde an,
dass, was er wünscht, wird auch getan.
Auf Schnelligkeit der Feldherr setzt,
deshalb er die Soldaten hetzt.
Eh Cäsar aufbricht, stärkt er noch
den Mut, da der sehr wichtig doch
in solchen schlimmen Lebenslagen,
in denen leicht man neigt zu klagen.

Cäsar *(vor dem versammelten Heer)*
Soldaten, meine beste Schar,
vertrauet heut auf den Cäsar.
Denkt jetzt an die Vergangenheit,
in der wir siegten allezeit.
Erinnert euch der Tapferkeit,
die ihr im Kampfe stets gezeigt.
Denkt nur an die Germanenkriege,
denkt auch an die Britannensiege,
dann wird der Mut euch wiederkommen.
Tapfer ward ihr stets gesonnen.
Wie herrlich ist der Siegerlohn,
wie glänzet hell die Heldenkron',
die der gewinnen doch nur kann,
der zeiget sich als tapf'rer Mann.
Die Feinde glauben nicht daran,
dass wir so schnell schon greifen an.
Dies aber ist der beste Trumpf,
der wird uns bringen den Triumph.
Jetzt bietet alle Kräfte auf.
Beharrlich folgt mir und ertragt,
wenn ich euch führ' im Dauerlauf,
denn so nur man den Sieg erjagt
mit einem kleinen Heereshauf'.

196

Den Sieg fühlt ihr dann umso mehr,
wenn kämpfen musstet ihr sehr schwer
und habt besiegt ein großes Heer.
Und jetzt voran, Soldaten,
folgt mir zu Heldentaten!
(Das Heer jubelt Cäsar begeistert
zu und bricht auf.)

Erzähler   In Eile marschiert man
durch tief verschneiten Tann.
Der Ehrgeiz reizt den Mann,
die Kraft zu spannen an,
wie er 's noch nie getan.
Es jammern die Soldaten
bei solch gestrengen Taten.
Oft kraftlos ist ihr Schritt,
sie taumeln nur noch mit.
Man schimpft, man klaget schwer,
doch Cäsar zieht das Heer
und hört gar nicht auf die,
die klagen an die Müh'.
Ein Lager nach dem andern
gewinnt er durch das Wandern
für sich ganz rasch zurück,
doch fehlt noch manches Stück.

Quintus   *(zu Cäsar)*
Die Soldaten klagen schwer,
dass du führst zu schnell das Heer.
Viele schimpfen schon auf dich,
denn die Kraft lässt sie im Stich.
Willst nicht bremsen du das Hasten,
um für kurze Zeit zu rasten?
Oder lass den Schritt verkürzen,

	dass nicht gar zu viele stürzen.
Cäsar	Lass sie murren, lass sie klagen,
	so ein Mensch kann was vertragen.
	Ich weiß, Freund, schon was ich will.
	Wenn ich hab' erreicht mein Ziel,
	sollen sie die Ruhe haben.
	Nur mit Schmerz und Willenskraft
	man auf Erden Großes schafft.
	Wenn ich locker hier jetzt lass,
	wird die Sache mir gleich nass,
	und die Leute werden lahm,
	sobald sie mich sehen zahm.
	Wenn die Schlucht dort ist durchschritten,
	will erhören ich die Bitten
	will für heut den Marsch einstellen,
	dass nicht gar zu laut sie bellen.
Quintus	Glaubst du, dass wir gar schon morgen
	treffen auf die Gallierhorden?
Cäsar	Fern sind sie gewiss nicht mehr,
	drum schon' morgen ich das Heer.
	Doch heut müssen wir noch laufen,
	Rast gibt es erst vor dem Raufen.
	Wenn durchschritten ist der Wald,
	werden wir sie treffen bald.
	So die Späher mir berichten,
	die nicht grade Unsinn dichten.
Quintus -	Und was melden sie dir heute,
	diese deine Augenleute?
Cäsar	Das werd' ich erst später wissen,
	denn noch muss ich sie vermissen.
	Heut sie bleiben aus sehr lang,
	fast wird es mir um sie bang.
Quintus	Solang strahlt das Sonnenlicht,
	ist zu End' der Tag auch nicht.

Selbst des Abendlichtes Schimmer
gibt uns Hoffnung doch noch immer.
Erst wenn einbricht finst're Nacht,
man mit Recht sich Sorgen macht.

Cäsar

Da, mein Quintus, geb' ich recht,
zu viel Angst ist immer schlecht,
doch der Geist, der hell stets wacht,
ängstigt sich und schöpft Verdacht,
wenn gefährdet ist die Macht.
Wessen Geist fliegt hoch und weit,
der Gefahr sieht allezeit.
Wenn Gefahr stört meine Ruh',
muss sogleich ich schlagen zu,
und noch eh sie recht entsteht,
räum' ich sie schon aus dem Weg.
Ich, ich witt're die Gefahr,
eh sie krümmt mir noch ein Haar,
und, mein Freund, ich sage dir,
dass ich das Gewitter spür.
Ich seh' Wolken, sehe Schatten,
höre knistern schon die Ratten.
Glaub 's, es sagt mir mein Instinkt,
dass hier irgendwas nicht stimmt.
Wie die Bäume seltsam schweigen,
wie der Winterwald mir droht,
- diese Schatten künden Not.
Freund, ich kann 's nicht länger leiden,
bring in Ordnung rasch das Heer,
diese Drohung ist nicht leer!

Quintus

Das ist nur die Phantasie,
die ja oft plagt ein Genie.
Die vergangnen harten Tage
schaffen dir nur solche Plage,

doch dass du hast wieder Ruhe,
was du willst sogleich ich tue.
(Während Quintus das Heer ordnet, brechen
die Gallier von beiden Seiten der Schlucht auf
die Römer ein.)

Vercingetorix *(zu seinen Leuten)*
Für die Freiheit streitet ihr,
in die Schlacht drum folget mir!

Gallier *(im Chor)*
Schrum, schrum, schrum,
mäht die Römer um!

Cäsar Auf, ihr Römer, wacht!
Keine Schande macht!
Unsern Tross umschließt!
Bildet ein Viereck!
Werft von euch den Schreck!
Feindesblut vergießt!

Vercingetorix *(zu seinen Leuten)*
Da jetzt wir haben sie,
drum zwingt sie auf die Knie!
Schlagt nieder diese Schinder
und denkt an Frau und Kinder,
die zu den Göttern beten,
dass wir sie heut erretten
vor Römertyrannei
und werden wieder frei.
Es helfen uns die Ahnen,
wenn gegen diese Schar
wir tragen vor die Fahnen.
Erkämpft für den Altar
die Köpfe und die Schilde
der eingekreisten Horde
und stimmt die Götter milde
durch viele Römermorde.

Seht nur, sie weichen schon
und leiser wird ihr Ton.
Dies ist der Freiheitstag,
der dem Gedächtnis bleibt.
Die Römer heut vertreibt.
Heut endet alle Plag'.
Euch, Männer, wird man preisen,
euch singt man Heldenweisen,
wenn euch es wird gelingen,
zu siegen in dem Ringen.
Ihr werdet hier entscheiden,
ob frei wir können leben,
ob ihr dem Land bringt Segen,
ob länger wir noch leiden.
In dieser Winterschlacht
die Gottheit euch bewacht
Ich sehe schon den Sieg,
jetzt donnert Hieb um Hieb
auf Lederrömerhelme
und stechet ab die Schelme!
Heut müsst ihr 's ihnen geben,
lasst keinen mehr am Leben!

Cäsar   *(zu den Römern)*
Was ist mit euch, ihr weicht,
fühlt ihr denn nicht die Schande,
zu weichen dieser Bande!
Wenn ihr es nicht erreicht,
den Mut zu finden wieder,
dann glühen eure Glieder
auf dem Altar der Sieger.
Das sind doch nur Barbaren,
packt sie an ihren Haaren
und werfet sie dann nieder.

Lasst Cäsar nicht im Stich,
ich geh euch hier voran,
und denkt auch stets daran,
dass Cäsar noch nie wich.
Weh euch, wenn ihr erschlafft.
Gebt her die letzte Kraft!
Es siegt der stärk're Wille.
Macht diese Schreier stille.
Das Schicksal wendet sich,
jetzt, Rom, erhebe dich!
Den Feindesring zerbrich!
Der Feind verliert die Flügel.
Zieht an und strafft die Zügel!
Jawohl, er weicht zurück,
du, Römer, schieb und drück!
Es hellt sich auf mein Blick.
Die ersten packt die Flucht.
Dies Rennen will ich schüren,
drum schlag' ich zu mit Wucht,
dass Cäsar sie auch spüren.
Ha, ha der Sieg ist nah,
was sag' ich, er ist da.
Der Räuber kam zu Fall
bei seinem Überfall.
Es siegte Römerstahl.

Quintus *(zu Cäsar)*

Der Feind flieht nach Alesia,
der Stadt, die liegt am nächsten da.
Und unbezwingbar ist die Wehr,
in die geflohen ist sein Heer.
Getroffen sind wir selber schwer.
Schau dir die Leichenberge an,
erkenn', was man uns angetan.

Cäsar Jetzt pack ich sie am Schwanz.

Folgt mir zum letzten Tanz!
Ich maure ein die Maus,
dass ihr die Luft geht aus.
(zum Heer)
Mag auch die Sonne sinken
und mancher von euch hinken,
für euch wird 's noch nicht Nacht,
da Cäsar Ernst jetzt macht.
Kratzt eure Kraft zusammen,
dass wir zum Ziel gelangen.
(Die Soldaten murren.)
Hö, hö, was soll das Brummen,
es wird hier nicht gesungen,
eh uns der Sieg gelungen.
Weil ich bin euer Führer,
drum seid ihr nie Verlierer,
Ihr müsst nur immer denken,
ich werde euch schon lenken.
Spart euch den Kommentar
und macht nicht viel Tamtam,
die Sache ist ganz klar
und jetzt wir fangen an.

Belagerung von Alesia

Erzähler

Man zog nun vor Alesia,
und eh der Feind sich recht versah,
war Cäsar mit dem Heer schon da.
Mit einem Palisadenring
schloss er sogleich das Städtlein ein,
dass alle Feinde waren drin
und niemand konnte mehr hinein.
Doch war der Aufstand allgemein.

	Es drohte nicht die Stadt allein.
Späher	*(reiten aufgeregt heran)*
	Cäsar, lass uns ziehen ab,
	Hilfe kommt für diese Stadt.
	Es rückt an ein gallisch Heer,
	das gerüstet ist recht schwer.
	Wie wir 's mit der Stadt getan,
	so fällt jetzt auch uns man an.
Cäsar	Was zu tun ist, sage ich,
	und ich sag', ich nicht aufbrich.
	Gebet aus sogleich Befehl,
	dass nach außen man erstell'
	einen zweiten Mauerring,
	in dem wir sind selber drin.
	Eh der Feind gelangt hier an,
	ist das Mauerwerk getan.
Quintus	Cäsar, was du tust ist Wahn.
	Willst du schließen selbst dich ein?
	Gut kann dies doch niemals sein.
Cäsar	Freund, du musst mir schon vertrauen,
	wenn ich mir mein Glück will bauen.
	Ich kenn' meine eigne Kraft,
	deshalb Cäsar Kühnes schafft.
	Ich darf üben nicht die Taten,
	die die Schwächeren mir raten.
	Wie viel ich mir kann erstreben,
	so viel wert ist auch mein Leben,
	deshalb darf ich nie nachgeben.
Erzähler	Man baut eine zweite Mauer
	und legt dort sich auf die Lauer,
	dass der böse Gallierfeind
	sich nicht gegen Rom vereint.
	Römer kämpfen nach zwei Seiten.

Obgleich 's dumm scheint den Gescheiten,
lässt der Cäsar nicht mehr ab,
zu belagern diese Stadt.
Und dass siegreich war die Tat,
das wird auch sogleich man hören,
denn der Feind nicht konnte stören.

Erster Römer

(An der Außenmauer zu einem Feind)
Eure Hilfe kommt zu spät,
denn Gott hört nicht das Gebet,
wenn der Satan steht dazwischen,
der kann weg die Worte fischen.

Erster Gallier:

Wer steht zwischen Tür und Pfosten,
den wird es das Leben kosten,
wenn ein Sturm braust an im Nu
und schlägt diese Türe zu.

Erster Römer

Zwischen Schalen liegt die Frucht,
die allein der Esser sucht,
denn die Frucht ist nur begehrt
und die Schalen sind nichts wert.

Erster Gallier:

Wer gerät in eine Zange,
der wird leben nicht mehr lange.

Erster Römer

Was ist denn nur los mit dir,
dass du weichen musst jetzt mir?
Ich würd' gern noch mit dir sprechen,
doch du kennst Soldatenpflicht:
Man muss jeden Feind erstechen,
auch wenn gern man mit ihm spricht.
(Die Römer ringen das Hilfeheer nieder.)

Erster Römer

(Zwei Römer an der Innenmauer.)
Diese Gallier plötzlich klagen,
Frauen sich die Haare raufen,
wie besessen herumlaufen.

	Warum sie an Tüchern nagen,
	weinen, schreien und verzagen,
	wie an Mord- und Sterbetagen?
Zweiter Römer	Blicke, Freund, dich doch nur um,
	dann weißt du es schon warum
	diese schauen gar so dumm.
	Unsre Außenmauerstreiter
	tragen ein die Beute heiter.
	Blut'ge Rüstung, Schwerter, Schilde,
	drum sind die dort drin im Bilde.
Erster Römer	Scheint 's sie haben dort gesiegt.
	Wie es so was doch nur gibt,
	dass man merkt nicht, wenn man siegt?
Zweiter Römer	Jetzt ist auch die Stadt am Ende,
	denn dies ist die Schicksalswende.
Erster Römer	Sieh, sie heben ihre Hände,
	laufen schon zum Tor hinaus,
	denn sie wissen, es ist aus.
Zweiter Römer	Denen hilft jetzt nur noch Flehen,
	sonst würd 's ihnen übel gehen.
Erster Römer	Auf das Plündern freu' ich mich
	und die Beute königlich.
	Diese Stadt ist goldig-schwer,
	da geh'n aus wir nicht ganz leer.
	Sklaven gibt 's, wie Sand am Meer,
	schöne für den Hausgebrauch,
	starke für die Äcker auch.
	Schau, sie bringen Cäsar Gaben,
	die wollt' ich schon gerne haben,
	Schmuck und Steine erster Sorte,
	schmeicheln ihm nicht bloß durch Worte.
Zweiter Römer	Und jetzt reitet der heran,
	der hegt' aus den Aufstandsplan,
	hat die schönste Rüstung an,

doch die wird ihm nützen nix,
diesem Vercingetorix.
(Cäsar, auf einem Thronsessel sitzend,
empfängt Vercingetorix.)

Cäsar

Ah, der Heizer dieses Brandes,
der Fürst und Führer dieses Landes,
der wollte trotzen meiner Macht,
der hat gefordert mich zur Schlacht.
Fürwahr du bist ein Freiheitsmann,
den man nicht verachten kann.
Allein, du kennst sie selbst, die Welt,
da ist um den es schlecht bestellt,
der trotzen will und dann doch fällt.

Vercingetorix:

Ich bettle dich nicht lang um Gnade,
denn dafür bin ich mir zu schade.
Den Freiheitssinn wirst du nicht beugen
und müsst' ich tausend Qualen leiden.
Ich habe wie ein Mann gestritten,
mein Stolz verbietet mir zu bitten.
Dass ich muss weichen deiner Macht,
hat Schande mir nicht eingebracht.
Es wird mich ehren die Geschichte,
- du, Cäsar, deinen Feind vernichte.

Cäsar

Ich weiß zu achten deinen Stolz,
da ich bin selbst aus solchem Holz.
Ich handle drum als Ehrensieger.
Zwar lass ich frei dich nicht mehr wieder,
du würdest mir ja wieder schaden,
was ich nur könnte schlecht ertragen.
Ein Mann wie du ist niemals still,
des Landes Freiheit wär' dein Ziel,
und ich das Gegenteil ja will,
drum muss ich schalten aus die Kraft,

die meiner Kraft entgegen schafft.
Ich tue nämlich leichter mir,
wenn ich die Freiheit nehme dir.
Ich tu' dir Qualen keine an,
denn ich bin auch ein Ehrenmann.
In Rom wirst leben du gefangen,
dort bleibst du auch dein Leben lang,
denn so ist 's jedem noch gegangen,
der mit mir Händel angefangen.
Auch wirst du zieren den Triumph,
den ich einst halten will in Rom,
denn du bist eine schöne Kron',
und gern zeig ich den besten Trumpf.
Und jetzt steig ab von deinem Pferd,
da so man nur den Sieger ehrt.
Auch sollst abgeben du dein Schwert.
Gefangen bist du, nicht entehrt.
Ein Mann bist du von hohem Wert.

Erzähler

Von diesem Tag an Gallien schwieg
und fest in Cäsars Händen blieb.
Auch gab es dort jetzt keinen Mann,
der Cäsars hohen Herrscherrang
hätt' mit Erfolg gezweifelt an.
Was er mit Kraft gezwungen nieder,
erhielt mit Güte sich der Sieger,
und manchem Volk ward es von Nutz',
dass stand es unter Cäsars Schutz.
Es endet nämlich kleiner Streit,
wenn große Kraft die kleinen eint
und stiftet Fried' und Einigkeit,
weil Friede selbst ihr nützlich scheint.
Im Frieden erst blüht auf Kultur,
im Frieden nur entstehen Werke,

die Zeugnis sind der edlen Stärke:
Die Kunst gedeiht im Frieden nur.

Zwei Nachrichten aus Rom

Erzähler	Von Rom her kommt nun wicht'ge Kunde.
	Sie läutet ein die Streiterrunde,
	die führen wird zum Bürgerkrieg
	und enden wird mit Cäsars Sieg.
	(In einem Römerlager in Gallien, in dem Cäsar residiert, kommt ein Bote aus Rom an.)
Quintus	*(zu Cäsar)*
	Ein Mann aus Rom ist eingetroffen,
	er lässt auf wicht'ge Botschaft hoffen.
Cäsar	Dann führ' ihn gleich herein zu mir,
	wenn 's wichtig ist, steht auf die Tür.
	(Quintus führt den Boten herein.)
Bote	Salve Cäsar! Briefe zwei
	habe ich für dich dabei,
	künden eine Lage neu.
	Diesen hier ein Freund dir schickt,
	hat mir ernsthaft zugenickt,
	als er ihn mir zugedrückt.
	Scheint ein Trauerfall zu sein
	eines Mannes gar nicht klein.
Cäsar	Brich schon auf und lies ihn vor,
	dass erhascht den Fall mein Ohr,
	eh ihn kündet Spatzenchor.
Bote	An wen er geht, das ist ganz klar:
	Er geht an Julius Cäsar!
	Soll ich lesen das auch vor?
Cäsar	Fang schon an du armer Tor!

Bote	*(liest den Brief vor)*
	„In Rom, Cäsar, herrscht Traurigkeit,
	weil Crassus fiel im Partherstreit...“
Cäsar	*(unterbricht erschrocken)*
	Crassus tot! Das kündet Not!
Bote	*(fährt fort)*
	„Mit seinem Sohne zog er aus,
	mit ihm fiel er in gleicher Nacht
	in einer mörderischen Schlacht,
	und leer steht jetzt sein ganzes Haus.
	Du kannst dir denken was hier los,
	denn Auflauf gab es riesengroß,
	als man vernahm des Mannes Los.
	Die meisten Leute wurden blass,
	wie 's jeder wird, der hört vom Tod,
	allein Pompeius wurde rot,
	als machte ihm der Fall noch Spaß.
	Und wirklich, man sieht 's kommen schon,
	dass ihm allein gehorcht ganz Rom.
	Der Crassus hielt ihm hier die Waage,
	doch da man den jetzt trägt zu Grabe,
	setzt sich Pompeius auf die Kron',
	denn dieser Tod bracht' ein ihm Lohn.
	Dieses musste ich dir künden,
	eh deine Gegner sich verbinden.
	Pompeius zeigt jetzt schon Allüren,
	die lassen einen Herrscher spüren,
	der duldet keinen neben sich,
	drum wollte ich nur warnen dich.
	Dein treuer Freund und Helferich.“
Cäsar	Ein Ambossfall, der hat Gewicht,
	da er ein neues Fass ansticht,
	ein Fass voll blutig-rotem Wein,
	ein Wein, den schenkt das Schicksal ein.

Quintus	Ja, es ist schad' um diesen Mann,
	für Rom hat Großes er getan,
	- allein ich kann verstehen nicht,
	dass dies sonst weiter hat Gewicht.
	Du bist doch mit dem Tod bekannt
	und warst nicht mit dem Mann verwandt,
	was regt nun auf dir den Verstand?
Cäsar	Die Zeit, mein Freund, erst lehrt dich sehn,
	ich seh' voraus schon das Geschehn,
	denn ich weiß um das Kräftespiel
	und kenne auch der Kräfte Ziel.
	(zum Boten)
	Du hast versprochen Briefe zwei.
	Lies vor, was hast du noch dabei!
Bote	Pompeius selbst gab mir den zweiten.
	Dir, Cäsar, soll ich ihn zuleiten.
Cäsar	Lies vor, ich fürchte deine Zunge nicht.
Bote	*(liest den Brief vor)*
	„Ich fordre auf dich, Cäsar, hier,
	zu geben, was gehört nicht dir,
	drum gib zurück mir jene Krieger,
	die ich zur Hilfe nur auslieh.
	Ich selber brauche sie jetzt wieder,
	nun sende möglichst rasch mir sie.
	Mach mir nicht lange noch Verdruss!
	Dies sagt Pompeius dir zum Schluss."
Cäsar	Aha, ich hab 's erwartet schon,
	dass er mich anspricht in dem Ton.
	Warum die Krieger er will haben,
	das braucht er wirklich nicht zu sagen.
Quintus	Du darfst nicht denken von ihm schlecht,
	es ist doch nur sein gutes Recht,
	wenn er sie wieder haben möcht'.

Cäsar	Der Ton und dieser Augenblick,
	in dem er fordert sie zurück,
	verraten mir in ihm den Feind,
	denn feindlich ist der Brief gemeint.
Quintus	Das bildest ein du, Cäsar, dir,
	der Brief scheint einfach sachlich mir.
	Pompeius hätt' doch keinen Grund,
	dich anzubellen wie ein Hund,
	- denk doch an euren Freundschaftsbund!
Cäsar	Lasst mich allein, ihr zwei, und geht,
	dass ich begreif, wie 's wirklich steht.
	Du Quintus bring mir die Legionen,
	die der Pompeius haben will.
	Ich will zum Abschied sie belohnen
	und dann nach Rom sie schicken still.
Cäsar	*(für sich)*
	Es leben nur noch zwei von drei.
	Der Stärkre siegt von diesen zwei'n,
	er wird dann herrschen ganz allein
	und wird in Rom Diktator sein.
	Ich, Cäsar, lass mich nicht erwürgen,
	dafür mir die Legionen bürgen.
	Ich könnte nie bescheiden leben,
	denn mir ist große Kraft gegeben.
	Pompeius, fühl ich, will mich drücken.
	Was er auch treibt in meinem Rücken,
	es soll ihm gegen mich nichts glücken.
	Entwichen bin ich seinen Blicken.
	Er kennt den Cäsar, wie er war,
	als Rom verließ er vor fünf Jahr'.
	Ich hab' genützt recht gut die Zeit
	und bin jetzt stark genug zum Streit.
	Mein Ruhm ist frisch und seiner alt,
	er lebt entwöhnt vom Krieg in Rom,

ich üb' im Kampf mich lange schon.
Mein treues Heer gibt mir Gewalt.
Das sind Gewichte in der Waage,
mit denen ich Pompeius schlage.
(Quintus tritt ein.)

Quintus Aufmarschiert sind die Legionen,
die du, Cäsar, willst belohnen.
(Cäsar tritt hinaus und redet zu den Legionen.)

Cäsar Männer, die mir Hilfe brachten
und den Sieg in manchen Schlachten,
euch muss leider ich entlassen,
da Pompeius fordert wieder
euch, die er nennt seine Krieger.
Und dass er nicht mich wird hassen,
muss ich schicken euch zurück.
(Bedauerndes Murmeln der Soldaten.)
Doch da ihr mir halft zum Glück,
will ich füllen eure Kassen,
dass ihr immer daran denkt,
wer euch hat so reich beschenkt.
(Die Soldaten klatschen Beifall.)
Dürftet länger ihr mir dienen,
könntet ihr euch mehr verdienen.
Aber grollt Pompeius nicht,
der Mann tut nur seine Pflicht.
Ich wünsch Glück euch allezeit
und viel Siege noch im Streit.
(Die Soldaten jubeln zum Abschied. Cäsar lässt das versprochene Geld austeilen und zieht sich zurück.)

Kraftprobe zwischen Cäsar und dem Senat

Erzähler

Auch Pompeius wollte sorgen,
dass er herrschen konnte morgen,
drum gibt er auch dem Senat
einen hinterklugen Rat.

Pompeius

(vor dem Senat)
Väter, ich muss euch hier raten,
dass ihr des Senates Macht
einem Mann begreiflich macht,
der verlacht sonst eure Taten.
Cäsars Zeit ist abgelaufen,
auch beendet ist das Raufen
in der gallischen Provinz.
Cäsar spielt sich auf als Prinz.
Es ist Sitte nicht in Rom,
dass man gibt nicht aus der Hand
die Verwaltung und das Land,
wenn die Zeit vorbei ist schon,
die zuvor war fest bestimmt.
Cäsar selbst sich Rechte nimmt.
Passt gut auf auf diesen Mann,
eh um euch es ist getan!

Cato

(Zu Pompeius)
Hast nicht selbst du es gewollt,
dass man ihm die Ehre zollt,
länger die Provinz zu lassen,
um zu füllen ihm die Kassen.
Ist gefallen jetzt der Schleier,
der des Geistes Klarheit nimmt?
Hat dich Crassus' Totenfeier
endlich doch noch umgestimmt?
Da du selbst den Mann erkennst
und uns hier nicht länger hemmst,

214

hoff ich, ist es nicht zu spät,
wenn man sich jetzt gut berät
und dem Mann das Handwerk legt,
der nach Herrschaft einzig strebt.
(Beifall im Senat.)
Väter, zeigt euch jetzt nicht lasch
und entscheidet hart und rasch.
Dieser Mann bringt euch Gefahr,
wenn er bleibt auch nur ein Jahr
länger als es üblich ist,
denn er sinnt auf Hinterlist.

Catullus Endlich wird man hier gescheit,
das wird auch so langsam Zeit.
Zieht jetzt rasch die Bremsen an,
eh davonläuft euch der Mann.
Stimmt nun ab! Wer lässt es zu,
dass man länger ihm schön tu?
(Keiner hebt die Hand.)
Also ist es hier beschlossen,
dass man nimmt ihm die Provinz,
dass man absetzt diesen Prinz,
eh noch Römerblut vergossen.

Pompeius Leicht wird er es uns nicht machen,
ich kenn' ihn in solchen Sachen.
Vielleicht wird er drüber lachen.

Cato Will er dem Senate trotzen,
will mit seiner Macht er protzen,
schlägt er an gleich solchen Ton,
macht er feindlich sich ganz Rom.

Erzähler Bald der Cäsar es erfuhr,
was geschlagen hat die Uhr.
(Ein Brief machte ihm den

215

Cäsar

Beschluss des Senates bekannt.)
(für sich)
Jetzt vereinen sich die Hunde,
um zu hetzen einen Tiger,
woll'n mir beißen eine Wunde,
- man wird sehn wer bleibt der Sieger.
Der Pompeius drückt mich nieder,
wenn er selbst bleibt an der Macht,
während mich man hilflos macht.
Dass man solches mit mir tu,
werd' ich lassen niemals zu.
Solang ich der Stärk're bin,
beuge ich nicht meinen Sinn.
Würd' das Heer ich geben her,
wär' auch meine Zukunft leer.
Hat man keine Zukunft mehr,
ist das Leben auch zu Ende.
Man hackt ab mir meine Hände,
wenn man nimmt mir weg mein Heer.
Das wird auch das Volk einsehen,
und zum Volke muss ich gehen,
wenn schon der Senat mir grollt:
Dieses Volk mir Beifall zollt.
Meine Freunde lass ich sprechen,
dass das Volk sie mir bestechen.
Jetzt spiel Geld ich aus und Charme,
daran bin ich ja nicht arm,
eine Zeit ist nun gekommen,
wo man spielt sein bestes Blatt
und mal herzeigt was man hat,
dem, der feindlich ist gesonnen.
(zu einem Schreiber)
Schreibe auf, was ich dir sage
und dann hin nach Rom es trage.

„An Senat und Römerstaat!
Leider habe ich vernommen,
dass man feindlich mir gesonnen,
deshalb gebe ich nicht her
die Provinz und nicht mein Heer,
wenn dasselbe nicht der tut,
der mir droht mit seiner Wut.
Gibt Pompeius auf die Macht,
es der Cäsar nach ihm macht,
denn ich habe den Verdacht,
dass der sonst nur aus mich lacht."

Erzähler	Als in Rom traf ein der Brief,
	den Senat man einberief.
Cato	*(im Senat)*
	Diese Ford'rung und der Ton
	klingen schon wie Revolution.
	Damit bricht er mit dem Staat,
	macht zum Feind sich den Senat.
	Hat ein Mann es je gewagt,
	etwas anderes zu fordern,
	wenn wir ihn hierher beordern?
	Wer Bedingungen annimmt,
	ist nicht mehr der Herr im Staat.
	Wenn ihm jetzt noch was gelingt,
	wenn er schreitet gar zur Tat,
	dann ist tot auch der Senat.
Pompeius	Wenn die Macht ich gebe her,
	dann schirmt euch auch nicht mein Speer.
	Meine Macht ist euer Nutz'
	ich bin schließlich euer Schutz.
Cicero	Doch das Volk stimmt Cäsar zu,
	denn es will, dass man das tu',

was er uns hat vorgeschlagen.
Als den Brief man las ihm vor,
stimmte zu es ihm im Chor,
- oder habt gehört ihr Klagen?
Und wer schützt denn unser Recht?
Ist der Cäsar unser Knecht,
dass uns könnte was gelingen,
ohne dass wir mit ihm ringen?
Er droht uns mit seinem Heer,
diese Drohung ist nicht leer.
Einfach ist der Fall nicht mehr.

Catullus Freilich, dann ist es zu spät,
wenn verschenkt man Autorität.
Cäsar bricht allein das Recht,
er nur handelt ungerecht.
Wenn verhandelt ihr mit ihm,
trotzt mit Recht er eurem Sinn,
denn dann handelt ihr nicht wach,
sondern zeigt euch kläglich schwach.
Lasst uns sehen, was er tut,
wenn erkennt er euren Mut.
(Beifall des Senates.)
Abgelehnt ist der Vorschlag,
so beschließt es der Senat.

Erzähler Als mit Sorgen schwer die Väter
nun verließen den Senat,
hielten zwei noch länger Rat
über Staat und Übeltäter.
(Cato und Cicero allein)

Cato Elend krank ist dieser Staat,
weil zu schwach ist der Senat,
zu verteidigen sein Recht.
Er ist dieser Mächt'gen Knecht.
Beide wollen sie die Macht,

218

	wollen herrschen ganz allein.
	Man wird schieben ab uns sacht,
	sobald dies der Fall wird sein.
Cicero	Bald die Republik ist tot,
	das ist meine größte Not.
	Doch es musste ja so kommen.
	Mit dem Marius hat begonnen
	der Zerfall der Republik,
	bald wir werden sein am Ende
	und zu Ende ist mein Glück.
	Es bricht an die Zeitenwende.
Cato	Aber dies ist dir doch klar,
	dass viel schlimmer ist Cäsar,
	als es der Pompeius ist.
	Da mit mir du einig bist.
	Ich würd' schlagen deshalb vor,
	dass wir schieben diesen vor,
	dass wir lassen ihn allein
	hier im Staate Konsul sein,
	eh Gewalt kommt uns zuvor.
	Dadurch herrscht er ganz legal,
	er herrscht so auf unsre Wahl.
	Denn wenn mit Gewalt er siegt,
	auch zur Seite er uns schiebt.
Cicero	So hab ich mir 's auch gedacht,
	dass legal man gibt ihm Macht,
	um zu heilen diesen Staat
	und zu schützen den Senat.
	Lass uns machen den Vorschlag
	ihm und auch den Senatoren.
	Mag Pompeius tun bescheiden,
	er wird freu'n sich an uns beiden
	und wird lassen sich erheben,

	wenn ihm alle Beifall geben.
	Dem Senat wird 's sein ein Segen.
Cato	So wir machen 's Cicero.
	Der Pompeius wird sein froh.
Erzähler	Cäsar hörte den Beschluss
	des Senates mit Verdruss.
Cäsar	*(zu Quintus, nachdem er den*
	Beschluss des Senates vernommen hatte.)
	Also zeigen sie sich stolz,
	lassen mich auf Eisen beißen,
	doch ich biete auch nicht Holz,
	sonst würd' ich nicht Cäsar heißen.
Quintus	Was gedenkst du hier zu tun?
	Willst du treten die mit Schuh'n,
	die die Würdigsten von Rom?
	Überleg' dir gut den Ton,
	in dem du verhandeln willst,
	eh den Groll du einfach stillst.
Cäsar	Übersieht man meine Macht,
	dass sie mir nichts zugestehen,
	dass man höhnisch mich verlacht,
	als könnt' ich nicht selber gehen?
	Man will mich vernichten hier,
	das, mein Freund, ich sage dir.
	Wenn ich würde geben auf,
	hätt' Pompeius freien Lauf,
	und das nehm' ich nicht in Kauf.
Quintus	Lass mich geh'n für dich nach Rom,
	ich werd' sprechen für dich schon.
	Fordere zu viel nur nicht,
	weil man sonst in Zorn ausbricht.
	Zeig, dass du nicht willst den Streit,
	dass dir liegt an Einigkeit.

	Gib nicht alles, gib ein Stück,
	dass man dir entgegen rück'.
Cäsar	So, mein Quintus, soll es sein,
	dazu sage ich nicht „Nein".
	Gallien „Diesseits" lass man mir
	und dazu noch zwei Legionen,
	dass nicht alles ich verlier
	und noch länger kann hier wohnen.
	Diese Botschaft trag' nach Rom,
	trag sie vor in würd'gem Ton.
Erzähler	Den Senat berief man ein,
	wie 's nicht anders konnte sein
	und tauscht aus nun hehre Worte,
	wie sich 's ziemt für solche Orte.
Quintus	*(im Senat)*
	Väter, Würdige von Rom,
	für den Cäsar muss ich reden,
	und dass ihm man soll was geben,
	das könnt ihr euch denken schon.
Catullus	*(unterbricht ihn)*
	Nichts wir werden hier verschenken,
	deshalb spar dir 's, uns zu kränken.
	Hier zu fordern wäre dumm,
	schweige du und bleibe stumm!
Quintus	Hier zu reden ist die Sitte,
	deshalb hört jetzt seine Bitte.
	Gallien „Diesseits" will er haben
	dazu auch noch zwei Legionen,
	dann will länger er nicht klagen
	und will Rom von Streit verschonen.
Pompeius	Welche Güte, hört ihn an,
	zwei Legionen will er haben,
	- was denkt sich der gute Mann!

	Die muss man ihm gleich versagen.
Cato	Er soll geben, was er hat,
	das allein macht uns hier satt.
	Hat er alles hergegeben,
	werden wir uns überlegen,
	wie wir seine Taten ehren,
	doch zuerst soll er entbehren.
Cicero	Urteilt hier nicht gar zu streng,
	wenn ihr schnürt den Hals ihm eng,
	wird mit Recht er wütend sein.
	Sagt jetzt nicht zu allem „Nein"!
	Man kommt einem Krieg zuvor,
	wenn man lässt stets auf ein Tor
	für den Mund und für das Ohr.
	Lasst ihm einen Teil von dem,
	was für sich er möchte haben,
	dann wir werden weiter sehn,
	was dazu er wird uns sagen.
Catullus	Überhaupt nichts soll er haben
	und soll bloß nicht länger klagen.
	Endet doch das dumme Spiel
	und verhandelt gar nicht viel!
Quintus	Väter, Cäsar hat ein Heer,
	deshalb huldigt der Begehr.
	Ihr entfacht den Feuerbrand,
	wenn ihr drückt ihn an die Wand.
Catullus	Hört ihr nicht, wie er uns droht?
	Dieser Mann verdient den Tod.
	Jagt den Boten hier hinaus,
	dass er schändet nicht das Haus.
	Nehmt ihn fest, Liktoren,
	lasst ihn im Kerker schmoren!
	(Die Liktoren wollen Quintus festnehmen.)
Quintus	*(droht mit seinem Schwert)*

	Rührt, ihr Henker, mich nicht an,
	denn ich bin ein Ehrenmann!
Catullus	Er droht euch mit seinem Schwert,
	sogleich ihm das Blut ausleert!

(Es kommt zu einem Gefecht zwischen Quintus und den Liktoren in dem Quintus getötet wird.

Die Senatoren erschrecken über die Tat.)

Cicero	Es wird gehen diese Tat

auf die Rechnung vom Senat.
Gutes kann daraus nicht werden,
wenn an Mord die Menschen sterben.
Hier ist man zu weit gegangen.
Es wird bringen dieser Tod
unserm Staate schlimme Not.
Oft mit Mord hat angefangen,
wer zum Kriege wollt' gelangen.
Wenn man schürt des Mächt'gen Wut,
tut daran man niemals gut.

Catullus	Du sprichst Worte trüb und blass,

fürchtest du denn Cäsars Hass?
Den werd' ich es wissen lassen,
dass mit uns er kann nicht spaßen,
dass er uns hier fürchten muss,
wenn er trotzt unserm Beschluss.

(zu den Liktoren)

Werft den Mann auf einen Karren,
schicket Cäsar ihn dann zu,
dass den Freund er kann verscharren
und ihm geb' die sel'ge Ruh'.
Er wird werden darauf still,
weil er sieht, was man hier will,
dass zur Tat wir sind bereit,

wenn er haben will den Streit.

(Die Liktoren tragen den toten Quintus hin-
aus, legen ihn auf ein Pferdegespann und
schicken ihn nach Gallien zu Cäsar.)

Cato Was auch Cäsar wird beginnen,
lasst uns selbst auf Stärke sinnen!
Dieser Mann ist ein Geheimnis,
hütet euch vor dem Versäumnis,
nicht die eigne Macht zu stärken!
Lasst ihn eure Stärke merken!
Stark auch werden wir hier sein,
wenn ein Starker führt allein.
Deshalb schlage ich euch vor,
hebt Pompeius jetzt empor.
Er allein soll Konsul werden,
dass den Cäsar wir verderben.
(Lauter Beifall der Senatoren.)

Pompeius Dieser Beifall ehret mich.
Ich würd' zeigen mich bescheiden,
wollte diese Ehr' nicht leiden,
- doch ich lass euch nicht im Stich.

Cato Dir, Pompeius, würd' ich raten,
jetzt auch Truppen auszuheben,
um zu schützen unser Leben
und zu bremsen Cäsars Taten.

Pompeius Dieses, Cato, ist nicht nötig,
ganz Italien ist erbötig.
Wenn ich stampfe mit dem Fuß,
strömen alle mir gleich zu,
doch solang noch herrscht hier Ruh',
würd' dies machen nur Verdruss.
Oft man reizt ja erst den Feind,
indem man zu rüsten scheint.
Lass abwarten was er tut.

	Zeit wir haben noch genug,
Cicero	wenn er naht mit seiner Wut.
	Ruft jetzt an die Himmelsgötter,
	dass sie sei'n des Staates Retter,
	dass sie wenden ab das Wetter!

Cäsar entschließt sich zum Angriff auf Rom

Erzähler	Als in Gallien kam an
	Quintus auf dem Mordgespann,
	war bestürzt der große Mann.
	Wut zugleich und Trauerschmerz
	wühlten auf sein Kriegerherz.
	Auch sein Geist brennt nun wie Stroh,
	und der gibt die Flamme wieder
	weiter an die treuen Krieger,
	dass es brennt bald lichterloh.
Cäsar	*(zu seinen Legionen)*
	Seht euch hier, ihr Treuen, an,
	was man uns hat angetan.
	Hier liegt der, den ihr kennt alle,
	tot schweigt hier mein Schicksalsbruder.
	Ihn zerfetzte Romes Kralle,
	ihn erschlug des Staates Ruder.
	Blutbeschmiert und leichenblass
	schickte man zu mir ihn her.
	Weil in Rom für mich sprach er,
	erntete er Todeshass.
	Solche Antwort gibt man mir,
	tot schickt man den Freund zurück.
	Dieses war ein Bubenstück,
	drum ich die Geduld verlier.
	Wenn sie sprechen mit dem Speer,

	geb' ich Antwort mit dem Heer.
	Bin im Recht ich, ihr Soldaten,
	wenn ich wage Rachetaten?
Soldaten	*(im Chor)*
	Lass uns rächen am Senat
	für die mörderische Tat!
Cäsar	Bleibet ewig ihr mir treu?
	Helft ihr mir, was immer sei?
Soldaten	Brauche uns wie deinen Speer,
	nenne uns Cäsarenheer.
Cäsar	Nun, dann haltet euch bereit,
	nicht sehr fern ist mehr der Streit!
	Übt euch tüchtig diese Tage,
	tragt besonders harte Plage!
	Eure Rüstung legt zurecht,
	schleift das Schwert und spitzt den Speer,
	Siegeshoffnung ist nicht leer,
	wenn gerüstet ihr losbrecht.
	Wer führt aus den ersten Schlag,
	dem gehört der erste Tag.
Soldaten	Wir sind für dich gerüstet,
	wenn 's immer dich gelüstet,
	die Mörder zu bestrafen.
	Bereit sind unsre Waffen.
Cäsar	Dann gehet hin in Frieden,
	ich ruf euch dann zu Kriegen!
	(Die Versammlung löst sich auf.)
Cäsar	Hortensius, du bleib bei mir,
	denn ich muss sprechen noch mit dir!
	Komm nur herein und setz dich nieder!
	Du bist mein bester Offizier,
	drum sollst du führen meine Krieger.
	(Er nimmt Hortensius zu sich herein und erklärt ihm den Plan.)

Man muss jetzt handeln klug und schnell.
Eh man in Rom es noch erfährt,
dass ich erheb des Krieges Schwert,
eh morgen früh der Tag wird hell,
Arminium ist eingenommen;
und damit wird der Kampf begonnen.
Fünftausend Reiter werden reichen,
um diese Festung aufzuweichen.
Entscheidend ist die Schnelligkeit,
mit der wir sind zum Schlag bereit.
Versammle also gleich die Leute
und reite los mit ihnen heute!

Hortensius Und was wirst selber du jetzt tun?
Willst du hier warten, willst du ruh'n?

Cäsar Ich brech' im Stillen auf heut Nacht,
ich will erregen nicht Verdacht,
und nach mir kommen die Legionen,
die man beim Marsch soll auch nicht schonen.
Noch niemand sage, was du tust,
nur sorg' dafür, dass du nicht ruhst.
Auf dich setz' jetzt die Hoffnung ich
und auf den Überraschungsstich.
Sehr wichtig ist, dass ohne Blut
man diesen Streich für Cäsar tut.
Bedenk, es sind die eignen Bürger,
drum darfst du kommen nicht als Würger.

Hortensius Auf mich verlasse dich, Cäsar,
ich werfe nieder Feindesschar
und krümme niemandem ein Haar,
sofern man mir nicht widerstrebt
und meinen Reitern Netze webt.
Wer schlägt, den müsst' ich schlagen auch,
denn so ist es bei Römern Brauch.

	Zu selten ist die weite Sicht,
	die diesen Teufelskreis durchbricht.
Cäsar	Ich wünsche Glück dir für den Schlag,
	geschichtlich wird sein dieser Tag!
Erzähler	Hortensius zeigt sich nicht weich,
	und deshalb bricht er auf sogleich.
	Der Cäsar selbst tut unbefangen,
	als wollt' noch lang er nicht anfangen.
	Mit äußerlich gespielter Ruh'
	er schauet seinen Fechtern zu.
Cäsar	*(zu einem Fechtmeister)*
	Lass diese hier mal Bäume fällen,
	den Armen fehlt die Sturmgewalt,
	lass mähen ab sie einen Wald,
	lass spielen sie mit schweren Bällen,
	dann wachsen ihre Muskeln bald!
Fechtmeister	Wir haben Zeit ja noch, Cäsar,
	ich drille dir schon diese Schar.
	In einem Monat sag' ich dir,
	ist stark hier jeder wie ein Stier.
Cäsar	Gib ihnen Milch und Roggenbrot,
	halt fern sie mir von Weiberlenden,
	dass ihre Kraft sie nicht verschwenden,
	dass bringen sie dem Feind den Tod.
Fechtmeister	Da, Cäsar, hat es keine Not.
	Die mach durch Streit ich schon so müde,
	dass Kraft nicht bleibt mehr für die Liebe.
Cäsar	So ist es recht, mach nur so weiter,
	so nur kommt man empor die Leiter!
Erzähler	Eh er abends geht zum Speisen,
	sagt er einem der Vertrauten,
	dass heut Nacht er will verreisen,

228

	doch soll nichts davon verlauten.
Cäsar	*(zu dem Vertrauten)*
	Wenn es Mittag wird heut Nacht,
	zäume auf ein Viergespann.
	Spann die schnellsten Pferde an
	und errege nicht Verdacht!
	Wart auf mich am Lagertor,
	dorthin fahr den Wagen vor.
Wagenlenker	Welches Ziel hast du im Sinn?
	Wo willst du denn fahren hin?
Cäsar	Du kannst dir das Fragen sparen,
	erst am Ziel wirst du 's erfahren.
Erzähler	Nur vertrauten Offizieren
	lässt er von dem Plan was spüren.
Cäsar	*(zu zwei Offizieren)*
	Morgen bin ich nicht mehr hier,
	weil ich Reiselust verspür'.
	Euch zwei trage ich drum auf,
	dass, sobald die Sonn' geht auf,
	ihr führt mir im Dauerlauf
	nach Italien die Legionen.
	Das wird auch für euch sich lohnen.
	Dort dürft ihr dann hören an
	meinen großen Herrscherplan.
Erster Offizier	Wenn du so verschwiegen bist,
	dann recht groß die Sache ist.
	Fragen will ich gar nicht mehr,
	ich führ' rüber dir dein Heer.
Zweiter Offizier	Und ich tu' natürlich mit,
	wenn es ist ein Teufelsritt.
Cäsar	Ich kann mich darauf verlassen,
	dass ihr zwei erhebt die Tassen?

Offiziere	*(zusammen)* Für dich wir uns immer quälen, wenn du willst uns was befehlen.
Erzähler	Als schon naht die Mittagsstunde dieser Nacht, sieht in der Runde Cäsar man beim Gastmahl liegen, um die andern einzuwiegen.
Cäsar	*(hält seinen Becher hoch)* Auf den Vercingetorix lasst uns trinken diesen Mix. Ich denk gern bei den Gelagen, dass in Ketten wir ihn haben.
Erster Offizier	Man denkt gern an schwere Zeit, wenn man ist von Leid befreit. Weißt du noch wie damals wir in dem Schnee ertranken schier?
Cäsar	Aufgegeben hättet ihr, wäre ich nicht stark geblieben. Dass ich jeden musste schieben, davon wollen schweigen wir.
Zweiter Offizier	Ich hab' auch getrieben an und ich denke gern daran.
Dritter Offizier	In der Not denkt man oft kurz, weil man sieht ja nur den Sturz vor dem will man sich bewahren, hat Verstand dann keinen klaren. Oft schon glaubt' ich mich am Ende, sah sie schon, des Todes Hände, oft Verzweiflung mich ergriff, als ich sinken sah mein Schiff, doch man rafft sich wieder auf, wenn die Zeit nimmt ihren Lauf.
Vierter Offizier	Ja, die Jahre und die Stunden

	heilen selbst die größten Wunden.
	Diese Stunde lasst genießen,
	andre kommen, wo wir büßen,
	denn man büßt, um zu genießen.
Cäsar	Da muss ich dir geben Recht,
	kurz zu denken wäre schlecht.
	Grad wenn fällt das Leben schwer,
	wenn wir müssen bleiben stark
	und schon sehen unsern Sarg,
	ernten wir die größte Ehr'.
Dritter Offizier	Wenn am Ende ist die Kraft,
	dann auch unser Mut erschlafft.
	Wie viel Kraft ist uns gegeben,
	soviel wird aus unserm Leben.
	Du zogst ja ein glücklich Los,
	deshalb kannst du handeln groß.
	Und da du lebst groß und schwer,
	sollst du haben große Ehr'.
Erster Offizier	Ihr sprecht heut so seltsam tief.
	Ist heut ein besond'rer Tag,
	dass ihr sprecht von Ehr' und Plag?
	Mich der Scherz doch hierher rief.
Cäsar	Morgen lasst uns wieder scherzen,
	es ist spät, schon Mitternacht,
	scherzen kann nur, wer hell wacht,
	nicht wem Schlaf liegt auf dem Herzen.
	Gute Nacht! Und scherzet weiter!
	Selber ich bin heut nicht heiter.
	(Er steht auf und wendet sich zur Tür.)
Offiziere	*(zusammen)*
	Eine tiefe Schlummernacht
	wünschen wir, die wach dich macht.

Erzähler	Schon bereit steht jetzt sein Wagen,
	der ihn soll ins Schicksal tragen.
	Unruhig scharren die vier Pferde,
	ausgesucht aus einer Herde,
	rappenschwarz und feurig-wild
	geben sie ein stolzes Bild.
	Cäsar steigt stillschweigend ein,
	tief blickt er in sich hinein;
	was er wagt scheint ihm nicht klein.
	Hin nach Süden rollt der Wagen.
	Was wird wohl die Nachwelt sagen?
	Dämmerlicht streut aus der Mond,
	und im Takt die Rappenpferde
	donnern Hufe auf die Erde,
	da der Lenker sie nicht schont.
	Rasseln hört man das Geschirr
	und dazu gehetztes Schnauben.
	Vögel fliegen auf, meist Tauben,
	die verbreiten Nachtgegurr.
	Sterngefunkel weist den Weg,
	zeigt die Straßen, Fluss und Steg.
	Während näher rückt das Ziel,
	zweifelt Cäsar, was er will.
Cäsar	*(zu dem Wagenlenker)*
	Straff die Zügel, halte an,
	eh der Schritt ist noch getan!
Wagenlenker	Was ist los? Willst du hier warten?
	Mischt du neu dir deine Karten?
Cäsar	Sei jetzt wie ein Grab so stumm,
	jetzt zu fragen wäre dumm.
	(für sich)
	Was tu' ich? Was fang ich an?
	Ich darf handeln nicht im Wahn,
	deshalb denk, eh es getan!

Habe ich des Großen Recht,
der allein ist niemands Knecht?
Bin ich größer als der Staat,
dann muss fallen der Senat,
denn der Große duldet nicht,
dass man vorschreibt ihm die Pflicht.
Wer bin ich? - Ich führte Kriege,
hab' gewonnen große Siege.
War ein Mann denn vor mir da,
der sich könnt' mit mir vergleichen,
der so Großes konnt' erreichen,
dass er stehen dürft' mir nah?
Alexander, freilich, ja,
der steht über mir zwar schon,
aber der hatt' eine Kron'.
Der war König, war geehrt,
- mir will nehmen man das Schwert,
obwohl ich doch focht für Rom.
Mir versagt man allen Lohn.
Das war schlecht, das darf man nicht,
denn ich, Cäsar, bin kein Wicht,
den man übergehen kann.
Hier steh ich und bin ein Mann.
Wenn sie wollen mir nicht geben,
was der Cäsar braucht zum Leben,
wird es andre Wege geben,
mir das Glück zurecht zu biegen.
Ich versteh mich gut aufs Siegen.
Was bedenk ich hier noch lang,
mir ist doch nicht etwa bang?
Bin ich groß, dann schlag ich los!
(zu dem Wagenlenker)
Was hältst du denn, es ist gescheiter,

Erzähler	du hetzt die Pferde und fährst weiter.
	Nachdem der Cäsar haltgemacht,
	braust wieder durch die Schicksalsnacht
	der Wagen mit dem Viergespann,
	in dem nach Süden reist der Mann.
	Allein er hält noch öfter an
	er wäget ab Gedanken viele
	auf seiner Donnerfahrt zum Ziele.
	Als er erreicht den Rubico,
	den Grenzfluss, der sein Gallien
	trennt ab vom Land Italien,
	sprach er zum Wagenlenker so:
Cäsar	Halt an, die Grenze ist erreicht,
	wo wagt man oder schließlich weicht!
	Der Rubico wird sein der Fluss,
	an dem ich fasse den Entschluss.
	(Der Wagen hält an. Cäsar steigt aus
	und entfernt sich einige Schritte.)
	(für sich)
	Was mich erschreckt, das ist die Not,
	denn Elend bring ich, Unglück, Tod,
	wenn ich eröffne jetzt den Krieg,
	- egal wer trägt davon den Sieg.
	Und fallen werden hier nicht Fremde,
	der Römer fällt durch Römers Hände.
	Darf ich entfachen Bürgerkrieg?
	Was wird die Nachwelt dazu sagen,
	wird loben sie mich oder klagen?
	Doch wird es einen Menschen geben,
	der dürft' bewerten Cäsars Leben?
	Ja nur das Urteil fürchtet man
	von einem weitaus größer'n Mann.
	Den gibt es nicht, den wird 's nie geben!
	Wer übertrifft denn schon mein Leben?

Nein, nein, ich bin hier gänzlich frei,
wenn ich beschließ die Keilerei.
Ein Urteil kann ich fürchten nicht,
ich bin der Größte dieser Erde,
ich selber bringe doch das Licht,
gerühmt will ich sein, wenn ich sterbe.
Und mir bleibt hier ja keine Wahl,
als Rom zu bringen diese Qual,
wenn man mir gibt nicht jenen Rang,
den die Natur mir gab schon lang.
Ich dulde keine Schranken mehr,
wer mich beschränkt, den trifft mein Speer.
Ich muss noch vor mir selbst bestehen,
drum muss den Leidensweg ich gehen.
Ich kann nicht weichen wie ein Wicht,
mein Leben steht im hellsten Licht,
und jeder Große stimmt mir zu,
dass ich allein das Richtge tu,
wenn ich hier handle und nicht ruh'.
Was andre denken, ist mir gleich,
ich, Cäsar, schaffe mir mein Reich.
Wenn ich hier nicht mal Wirbel mache
und zeig' mal einen Menschen groß,
dann wär' mein Leben lahme Sache
und auf der Welt wär' auch nichts los.
Was red' ich noch mit mir so klein,
- der Würfel soll gefallen sein!
(zum Wagenlenker)
Steig ab, du Pferdedirigent,
gib mir die Peitsche und die Zügel,
den Beutel nimm und kauf dir Flügel,
du hast mich lang genug gehemmt!
(Er wirft dem Wagenlenker einen Beutel

Gold zu und ergreift selbst die Zügel.)
(zu den Pferden)
Glühen soll das Wagenrad
und der Schweiß sei euer Bad.
(Die Pferde rasen davon.)
Wackelt nicht so lahm, ihr Enten,
bezieht ihr eigentlich schon Renten!
Schneller! Schneller! Schneckentiere!
Solang mir der Gegenwind
nicht die Sprache gänzlich nimmt,
solang ich die Peitsche führe.
Hö, „Rechtsvorne", was ist los?
Du hemmst deinen Hintergaul,
wenn da vorne du bist faul,
- mach mir keine Zicken bloß.
Du, „Linkshinten", hol ihn ein,
zeig ihm, dass du bist ein Flitzer,
mach ihm klar mal seinen Schnitzer.
Du am Ziel musst Erster sein.
Ihr vier müsst euch schon bemühen,
wenn den Cäsar ihr dürft ziehen,
denn nur selten dient ein Pferd
einem Mann von solchem Wert.
Doch jetzt denkt nicht mehr so viel,
denn sogleich sind wir am Ziel.
Stürmt durch 's Tor, wie sich 's gehört,
für den Mann, der sich empört.
Ich will kommen hier nicht an,
wie ein Trauerschneckenmann.
Wirbelt jetzt hoch auf den Staub,
werft den Wagen um die Ecke,
dass der Blinde glotzt und schaut,
dass die Tauben ich erschrecke.
Tut jetzt auch besonders wild,

seht, die Wachen schauen schon,
pustet, stampfet, machet Ton,
da dies bei den Leuten gilt.
Dass die Reiter auch was wagen,
müssen sie von mir gleich sagen:
Cäsar kommt mit Feuerhitz'
an auf dem Quadrigablitz.
(Cäsar kommt bei Hortensius
und den Reitern an.)
Brr! Haltet an, ihr Feuerteufel,
schüttelt ab das Schweißgeträufel!
(Die Soldaten empfangen Cäsar jubelnd.)

Hortensius   *(kommt ihm entgegen)*
Salve Cäsar! Alles klar!
Leicht der Schlag ist uns gelungen,
schon Arminium ist bezwungen.
Diese Stadt ist eingenommen.

Cäsar   Und wie ist das Volk gesonnen?
Hortensius   Es gab Tote nicht, nicht Brand,
weil man mir nicht widerstand.
Die Verwirrung ist zwar groß,
wie du siehst ist hier was los.
Wer dir feindlich ist gesonnen,
hat den Marsch nach Rom begonnen.
Dort wird man 's inzwischen wissen,
dass mit Krieg sie rechnen müssen.
Dies wollt 'st ja erreichen du,
wolltest stören ihre Ruh'.

Cäsar   Fragt sich nur, was sie dort tun,
ob sie fliehen oder bleiben,
sicher werden sie nicht ruh'n,
werden gleich ein Heer eintreiben.
Alle Städte, die mir treu,

jetzt verpflichtet für mich neu.
Für mich sammelt hier Soldaten,
dass auch ich bin stark für Taten,
lasst uns ziehen dann nach Rom,
wo man mich erwartet schon.
Eh sie sind zum Krieg bereit,
will ich nützen meine Zeit.
Und nach Rom hin streue Kunde,
dass ich schon in einer Stunde
ankomm' mit dem größten Heer,
dann sie bleiben lang nicht mehr.
Und du leichter siegen kannst,
wenn der Gegner ist in Angst.
Trommeln, Pauken, laute Schellen
braucht man, um den Feind zu fällen.

Unruhe in Rom über Cäsars Absichten

Erzähler	Als man hört' von Cäsars Stoß
	gab in Rom es Aufruhr groß.
	Wie beim Volk, so beim Senat
	bracht' Verwirrung viel die Tat.
Mann von Arminium	*(kommt zu einer Versammlung von Bürgern)*
	Flieht ihr Leute und lauft heim,
	packt all eure Sachen ein!
	Cäsars Wut wird bald hier sein.
	Ganz Arminium steht in Flammen,
	bald wird er nach Rom gelangen.
	Ein Vulkan ist ausgebrochen,
	der sprüht Lava, Stein und Feuer,
	was er tut ist ungeheuer,
	- alle hat er abgestochen.
	Wer jetzt nicht von Rom aufbricht,

	dem wird geh'n es besser nicht.
Erster Bürger	Gestern sah ich den Kometen,
	lasst uns zu den Göttern beten.
Zweiter Bürger	Helfen werden sie dir nicht,
	wenn dich einer niedersticht.

Erster Bürger

dem wird geh'n es besser nicht.
Gestern sah ich den Kometen,
lasst uns zu den Göttern beten.

Zweiter Bürger

Helfen werden sie dir nicht,
wenn dich einer niedersticht.
Götter sind im Frieden gut
und wenn niemand dir was tut.
Jetzt hilft Schnelligkeit und Mut.
Ich renn heim und pack den Wagen,
will hier gar nicht länger klagen,
denn wer kann sich schnell entschließen,
den wird man hier nicht erschießen.
(Er läuft davon.)

Dritter Bürger

Cäsar ist ein Ehrenmann,
ich hab' nie ihm was getan,
warum soll ich also fliehen,
gar nicht nötig sind die Mühen.
Kommt als Sieger er hier an,
werd' ich jubeln ihm gleich zu,
siegt er nicht, dann schrei ich „Buh",
- so verschaff ich mir hier Ruh'.
Stets den Sieger muss man ehren,
will sein eignes Gut man mehren.
Mögen die Parteien streiten,
ich gehör zu den Gescheiten,
die sich schmiegen an den Zeiten.

Vierter Bürger

Ich stell dumm mich und recht zahm,
denn die greift man niemals an.
Nur wer stark und groß sich macht,
schöpft bei Mächtigen Verdacht.
Ich verstecke mich im Dreck
und bewahr mir meinen Speck.
Nur wer glänzt, dem nimmt man weg.

Fünfter Bürger	Wer ist von Natur aus lahm,
	möcht' sich stellen freilich zahm,
	weil er gar nicht anders kann.
	Ich schließ mich Pompeius an.
	Ich, ich bin aus Edelstahl,
	drum hab' ich ein Ideal,
	denn dies darfst du nie vergessen.
	leben, das heißt nicht bloß fressen.
Vierter Bürger	Ich auch würde mal was wagen,
	wenn ich wüßt': Wozu ertragen?
	Leichter fällt es zu verzagen.
Fünfter Bürger	Armes Schaf, du bist verloren,
	wozu bist du bloß geboren?
	Kannst nicht streiten,
	kannst nichts geben,
	nennst dein Vegetieren „leben".
Sechster Bürger	Lass den Mann hier doch in Ruh',
	nicht ein jeder ist wie du.
	Er sein Ziel doch auch erreicht,
	wenn er sich verkriecht und schleicht.
Fünfter Bürger	Fang bloß nicht von Jedermann
	und vom Allgemeinen an.
	Ich schütz' meine Republik,
	die war meines Lebens Glück.
	Sogleich werde ich Soldat,
	schütze Rom und den Senat.
Erzähler	Die Verwirrung im Senat
	schlimmer war als in der Stadt,
	denn wer hat Verantwortung,
	kann sich ja nicht einfach drücken,
	muss bewegen schon die Zung',
	wenn ein Ratschluss recht soll glücken.
Cicero	Jetzt wir haben den Salat.

Ich hab es vorausgesagt:
Reizt den Mann nicht gar zu sehr;
Cäsar hat ein starkes Heer.
Aber nein, ich fand nicht Glauben,
weil ich redete zu Tauben.
Ich hab' meinen Rat gegeben,
nichts genützt hat hier mein Reden,
- jetzt dürft ihr mal überlegen,
wie wir ihm sein Handwerk legen.

Cato

Stampf, Pompeius, mit dem Fuß,
dass wir haben bald Soldaten.
Habe ich es nicht geraten,
doch dir machte es Verdruss.
Lieber wolltest du hier bellen,
als ein Heer dir aufzustellen.
Oh wir armen, dummen Toren,
- der Senat hat Rom verloren.

Pompeius

Spart euch doch die müden Klagen,
könnt ihr nicht was Rechtes sagen?
Was nützt es zu dieser Zeit,
wenn in der Vergangenheit
ihr zwei ward mal recht gescheit?
Das bringt uns jetzt gar nicht weit.
Jetzt zeigt eure Geistesblitze,
helft uns aus der Feuerhitze.
Wer auf Fehlern bleibt fest sitzen,
dem die Fehler auch nichts nützen,
doch wer Fehler rasch entfernt,
der hat was dazugelernt.

Cicero

Erst die Fehler muss ich zeigen,
eh ich kann von Fehlern schweigen.
Du hast ihn gemacht so mächtig,
dass er kommen darf so prächtig,

um sich auf den Thron zu setzen
und die Rechte zu verletzen.
Du hast lang ihn unterstützt,
hast ihn gegen uns geschützt,
als wir wollten ihn beschränken:
Willst du daran nicht mehr denken?
Du und Crassus noch dazu
machten mächtig ihn im Nu.
Zwar, weil es liegt weit zurück,
will bewerten ich es milde,
doch was jetzt er führt im Schilde,
dazu gab das Meisterstück
des Catullus ihm Anlass.
Dieser Mord, der war kein Spaß.

Catullus Klag hier an nicht unsern Geist,
wenn du selbst nichts Bessres weißt.
Was gescheh'n ist, ist gescheh'n,
lass zu Neuem uns jetzt geh'n.
Wenn wir tot sind, lass uns klagen,
solang wir noch Leben haben,
müssen wir die Zeit ausnützen,
unser Leben zu beschützen.
Wenn greift an ein Ungeheuer,
dann ist jeder Rat sehr teuer.
Kramt in euren Köpfen nach,
wie wir halten es in Schach.

Erster Senator Bleibt uns eine andre Wahl,
als zu gehen aus dem Saal?
Wenn wir ihm nicht trotzen können
müssen laufen wir und rennen;
wenn er uns nimmt hier gefangen,
müssen fürchten wir und bangen,
dass in seinem Rachespleen
er uns richtet alle hin.

Zweiter Senator	Herrschaft hat er nur im Sinn,
	deshalb für den Kampf ich bin.
Dritter Senator	Streiten wirst alleine du,
	der drückt dir die Kehle zu,
	dass du fallen wirst im Nu.
	Du bist wohl vom Wahn besessen,
	dass mit ihm du willst dich messen.
	Merke dies fürs Leben dir:
	Nie mit Stärkren Kriege führ'!
Vierter Senator	Sollen wir ihm Boten schicken
	und den Mann um Gnade bitten?
	(Labienus, einstiger Feldherr Cäsars,
	stürzt in den Ratssaal.)
Labienus	Fliehet, Väter, Cäsars Heer
	ist von Rom nicht ferne mehr!
	Er will tilgen den Senat,
	denn ich selbst hielt bei ihm Rat,
	doch will retten ich den Staat.
	Cäsar strebt nach Tyrannei,
	wer nicht geht, ist nicht mehr frei.
Cato	Lasst uns weichen aus der Stadt,
	eh er sie genommen hat.
	Lasst nach Osten hin uns fliehen
	und dort um ein Heer uns mühen,
	mit dem gegen ihn wir ziehen.
	Solang lebt noch der Senat,
	solang lebt auch unser Staat.
	Wäre der Senat gefangen,
	müssten um den Staat wir bangen.
Pompeius	Also ist es hier beschlossen:
	Kein Blut wird in Rom vergossen.
	Ich als Konsul werd' euch leiten,
	wenn nach Osten wir jetzt reiten.

Folgen soll mir jedermann,
der nicht huldigt dem Tyrann.
Wer bleibt hier, verfällt dem Bann.
Staatsverräter wird der sein,
der ihm bietet Friedenswein.
Ich erklär' den Bürgerkrieg,
der solange wird andauern,
bis zurück in diese Mauern
wird uns führen unser Sieg.
(Der Senat löst sich auf,
um sich zur Flucht zu rüsten.)

Erzähler Emsig wie die Ameisen
rüsten alle sich zum Reisen.
Schwer die Pferde und die Wagen
werden mit dem Gut beladen,
das man schleppen kann und tragen.
Gleich so wie das fremde Haus
plündert man das eigne aus,
da ja alles, was hier bleibt,
ist dem Siegerheer geweiht.
Wer nur dem Senat bleibt treu,
der zieht mit jetzt ohne Scheu
in ein Schicksal fremd und neu.
Der Pompeius verleiht Schub
diesem Karawanenzug,
der nach Süden hin entweicht,
wohin Cäsars Arm nicht reicht.
Cäsar selbst kommt bald nach Rom,
wo man jubelt zu ihm schon.

244

Cäsar zieht in Rom ein

(Cäsar, auf einem Schimmel reitend,
zieht mit seinen Legionen in Rom ein.)

Volk   *(jubelt)*
Setzt den Cäsar auf den Thron,
ihm soll huldigen ganz Rom!

Cäsar   *(für sich)*
Schrecklich diese Pöbelmassen,
drehen stets sich nach dem Wind,
keiner ist da tief gesinnt,
man muss jubeln sie halt lassen.
Jeder möcht' ein Fähnlein schwingen,
wenn ihm selbst kann nichts gelingen.
Ja, die brauchen einen Mann,
der sie alle zieht in Bann,
der befiehlt und der führt an.
Jetzt will ich ein bisschen winken,
wenn 's auch schwer fällt, es muss sein,
denn der Nutzen ist nicht klein,
wenn auf mich sie alle trinken.
Noch bin ich ja nicht so mächtig,
dass ich könnt' verächtlich spucken,
noch muss um die Gunst ich gucken
bis ich herrschen werde prächtig.
Gut, dass ich am Rubico
hab' gehandelt frisch und froh.
Diese Sache scheint zu laufen,
ohne dass ich muss viel raufen.
Ich werd' mich hier milde zeigen,
dass sie alle mir zuneigen,
schließlich bin ich ja nicht dumm
und schlag alles kurz und krumm.

Wenn mir jubelt zu ganz Rom,
dann ich Rom vor Brand verschon'.
*(Einige Senatoren, die zurückgeblieben sind,
empfangen Cäsar.)*

Senator
Sei willkommen du in Rom,
wir erwarteten dich schon!

Cäsar
Wo sind eure Amtsgenossen?
Hat es sie etwa verdrossen,
dass ich komm nach Rom hierher
mit dem Schwert und mit dem Speer?

Senator
Mit Pompeius flohen sie,
weil sie fürchten das Genie.

Cäsar
Sie rüsten also schon zum Krieg?
Schon jetzt gehört mir dieser Sieg.
Ich hätte gerne sie verschont,
so wie ich euch verschonen werde,
weil keinen sinnlos ich verderbe,
- das sei besonders hier betont.
Dass Römer selber sich bekriegen,
das will mir schwer im Magen liegen.
Den Frieden geb' ich nicht verloren,
drum trag' ich auf, euch Senatoren,
dass hin ihr zu Pompeius lauft,
eh man die Haare sich ausrauft,
und kündet, dass ich bin bereit,
mit ihm zu reden mal gescheit.
Solang noch ist kein Blut geflossen,
solang ist Krieg noch nicht beschlossen.
(Die Senatoren schweigen bedrückt.)
Was schweigt ihr denn so säulenhaft?
Fehlt euch der Mut? Fehlt euch die Kraft?
Warum verstummt jetzt jeder Ton?

Senator
Du kannst es dir ja denken schon.
Pompeius hasst uns alle hier,

	weil nun wir huldigen ja dir.
Cäsar	Was fang ich hier bloß mit euch an,
	denn Hasen ich nicht brauchen kann.
	Ein Handwerk habt ihr nicht gelernt,
	dass ihr was Rechtes könntet treiben,
	warum habt ihr euch nicht entfernt,
	warum ihr wolltet hier denn bleiben?
Senator	Auf dich die Hoffnung setzten wir,
	dass du mit Milde handelst hier.
	In Rom wir haben Frau und Gut,
	die hielten ab uns von dem Zug.
Cäsar	Es geht ja wohl um euren Bauch.
	Und ich ließ mich von euch beschränken,
	jetzt muss ich freilich anders denken,
	denn würdig stehen Säulen auch.
	Doch sollt ihr nicht umsonst hier sein,
	führt mich ins Schatzhaus jetzt hinein!
	Ich brauche Geld für meine Kriege
	da ich schon auf der Kante liege.
	(Er steigt vom Pferd und
	schreitet auf das Schatzhaus zu.)
Metellus	Nein, Cäsar, dies darf nimmer sein,
	in dies Haus darfst du nicht hinein.
	Noch niemand hat es je gewagt,
	dass er an diesem Schatze nagt.
	Seit Romulus man hütet schon
	ganz unberührt den Schatz für Rom,
	weil für die schlimmste Notgefahr
	der Riesenschatz gedacht nur war.
	Pompeius selbst wollt' es nicht dulden,
	dass damit löscht man seine Schulden.
	Die Ehrfurcht hat ihn abgehalten,
	hier frech und zügellos zu walten.

Cäsar	Das ist doch meine Sache nicht,
	dass hielt das Häuslein man so dicht.
	Wenn vor mir lebten Sammler nur,
	dann wird es Zeit jetzt für die Schur.
	(Er langt am Haus an und
	findet es verschlossen.)
	Wo ist der Schlüssel? Her damit,
	sonst spürt ihr den Cäsarentritt!
	(Die Senatoren schweigen bedrückt.)
	Ihr ward doch vorhin so erbötig,
	wollt' ihr euch drücken, jetzt, wo 's nötig?
	Doch nützt das Schweigen euch nicht viel,
	noch andre Wege gibt 's zum Ziel.
	Hortensius lass den Schlosser holen,
	der wird mich bringen an die Kohlen!
	(Hortensius holt einen Schlosser.)
Metellus	Auf deine eignen Mittel setz!
	Brich hier nicht dieses alt' Gesetz!
Cäsar	Die Waffen und des Staates Recht
	vertragen sich nun einmal schlecht,
	drum rat ich dir jetzt, Freundchen, schweig,
	sonst mach ich aus dir Wurst und Teig.
	(Der Schlosser bricht die Tür auf.)
	Na also, der Mann taugt zu was,
	der bringt mich hin an diese Kass'
	Solche Leute muss ich loben,
	die vom Handwerk geben Proben.
	(Metellus stellt sich unter die Tür
	und versperrt ihm den Weg.)
Cäsar	Ich stech' dich nieder auf der Stelle,
	wenn du verziehst dich nicht ganz schnelle.
	Und du weißt, dass ich einer bin,
	der tut auch, was er hat im Sinn.
Senator	Lass ab, Metellus, es ist Wahn,

er ist der Herr, gib frei die Bahn.
Du hältst des Schicksals sturen Lauf
durch deinen Übermut nicht auf!
(Metellus weicht furchtsam.)

Cäsar

Du hätt'st den Tanz dir sparen können,
denn ich gewinne jedes Rennen.
Und wie ich seh, hat sich 's gelohnt,
dass man hier mal sein Recht betont.
Wenn ich die Schätze hier betrachte,
die angesammelt sich in Jahren,
dann ich die Bienentugend achte,
die solche Werte kann ersparen.
Es reicht das Geld für langen Krieg,
eh 's ist verbraucht, hab' ich den Sieg.
Man kann vom Geld nicht denken schlecht,
wenn man das Geld sich macht zum Knecht.
Wenn unser Geld dient hohem Zweck,
dann ist geworfen Geld nicht weg.
Wenn mit dem Geld wir uns erheben,
wird unser Geld auch unser Segen,
doch ist erbärmlich dran der Mann,
der Geld aus Geld nur machen kann.

Erzähler

In Rom regiert der Cäsar milde
und drum die Bürger atmen auf.
Er nimmt in Gnaden alle auf,
doch führt er Großes noch im Schilde.
Wer von den Feinden wird gefangen,
der kann sogar zu Ehr' gelangen,
wenn er sich nur gewogen zeigt
und Cäsar selbst nicht zufügt Leid.
Ja auch den Männern, die aus Rom
warn aufgebrochen lange schon,

schikt er Gepäck nach und ihr Gut.
Wer einem Feinde Gutes tut,
der schwächt dadurch auch dessen Wut.
Er wirbt nun Truppen an in Rom,
verspricht viel Land und hohen Lohn.
Doch nicht nach Osten zieht es ihn,
nach Spanien rüber fliegt sein Sinn,
Denn eh im Osten konnt' was glücken,
wollt' frei er haben seinen Rücken.
In vielen Kämpfen wankt sein Glück,
am Abgrund oft er selber steht.
Mit Hunger plagt ihn das Geschick,
wenn er durch Spaniens Wüsten geht.
Allein, er lässt nicht ab vom Ziel,
mag er erleiden noch so viel.
Wie es nicht anders konnte sein,
genoss er bald den Siegeswein.
Die Feindesheere schlug er nieder
und blieb allein am Ende Sieger.
Die Fähnleinführer flohen zwar,
doch hier ja einzig wichtig war,
dass niemand stieß ihm in den Rücken,
wenn er zu Heldenmeisterstücken
ab nach dem Osten wollte rücken.
Eh er verfolgt sie dort im Osten,
hält er in Rom vor dem Senat
ein kleines Plauderstündchen ab,
um seine Macht auch auszukosten.

Cäsar *(zum Senat)*
Ihr weisen Herrn, es ist soweit,
dass man sich anpasst dieser Zeit.
Ich will nicht haben Tyrannei,
drum sollt beschließen ihr ganz frei,
dass ich hier der Diktator sei.

250

Es soll ja seine Ordnung haben,
wenn ich alleine schmeiß den Laden.
Nicht selber will ich mich erheben,
in eure Hand möcht' ich es legen,
ob man mir will die Herrschaft geben.
Ich bitt' euch drum stimmt würdig ab,
was ich für euch beschlossen hab!
(Der Senat schweigt längere Zeit bedrückt,
dann erhebt sich ein Senator.)

Senator   Du weißt, Cäsar, dass nur die Not
für kurze Zeit den Schritt gebot,
zu übertragen einem Mann
des Staates Ruder ganz allein.
Doch hat in Not man stets getan,
was darf zu andrer Zeit nicht sein.

Cäsar   Willst du damit etwa sagen,
dass ihr erfüllt hier eure Pflicht,
wenn ihr mir gebt die Ehre nicht,
die ich so gerne wollte haben.

Senator   Der Würdigste bist du im Staat,
doch schaltest aus du den Senat,
wenn du allein willst führen an,
wie es nur Könige getan.

Cäsar   Ich glaub, ich hab' den Ton verfehlt,
als ich euch bat, dass man mich wählt.
Ich lös den würdigen Verein
hier auf und herrsche ganz allein.
Ihr setzt euch aus hier meiner Wut,
wenn ihr nicht augenblicklich tut,
was dieser Augenblick gebeut.
Es hat gar manchen schon gereut,
dass zeigte er zu großen Mut.
Was glaubt ihr denn, wer ihr wohl seid.

Das kostet mich ja einen Lacher,
dass ihr hier einen Schicksalsmacher
nun fordern wollt zu einem Streit.
Schon mancher Maus erging es schlecht,
als sie, gefangen von der Katze,
nicht geben wollt' ihr Lebensrecht,
obwohl sie festhielt doch die Tatze.
Ich hoffe nun, ihr seid gewaschen
und wisst, dass ihr seid nichts als Flaschen.
Stimmt ab, ich will Diktator sein,
sonst lös ich auf den Staatsverein.
Wer ist dagegen, heb die Hand,
dass mir wird dieser Schuft bekannt.
(Die Senatoren sitzen bedrückt da.
Keiner hebt die Hand.)
Wer frisch beschließt mit Einigkeit,
erspart sich jeden langen Streit.
Ihr tragt jetzt also meinen Schild,
es stimmt mich munter dieses Bild,
Ihr dürft mir glauben, so muss 's sein,
dass ich beherrsch' die Welt allein.
Jetzt werde ich Pompeius jagen,
da der das gleiche möchte haben,
und das, das kann ich nicht ertragen.
Es kann nicht jeder alles haben!

Cäsar verfolgt Pompeius

Erzähler

Ein Riesenheer war längst gerüstet,
das aufbricht nach Brundisium,
wo es den Cäsar jetzt gelüstet,
den Feind zu machen ewig stumm.
Dorthin Pompeius nämlich floh,
weil er in Rom nicht wurde froh.

Der Feuerseele Cäsar war
zu langsam freilich seine Schar,
und er in Unruh' jetzt gerät,
er glaubt wohl, dass er kommt zu spät,
dass ihm entflieht der goldne Happen,
dass statt der Sonn' er findet Schatten.
Die Sorge war der Hintergrund,
die öffnet ihm nun seinen Mund
und tut viel Sorgenworte kund.

Cäsar *(zu den Soldaten)*
Ihr seid zu lahm auf eurer Bahn,
da kommen ewig wir nicht an.
Eh ihr spannt euren Jägerbogen,
sind alle Vögel ausgeflogen.
Wenn mild beurteil ich den Lauf,
glaub ich, ihr spart die Kräfte auf,
um sie im Kampfe zu versprühen,
der kostet ja noch größre Mühen.
Allein ich halt 's nicht länger aus,
ich schnapp im Hafen noch die Maus,
denn wenn Pompeius segelt fort
und wir ihn schlagen nicht gleich dort,
dann gibt es Kämpfe lang und schwer,
da er beherrscht das Römermeer,
Ich nehm' die Reiterei mit mir,
ich jage hin zum Hafenort
und nagle zu die Hafentür
noch eh die Schiffe segeln fort.

Erzähler Und während Cäsar reitet fort,
formt manches Zünglein grimmig-gram,
weil man gescholten hat es „lahm",
ein giftig-grünes Speichelwort.

	(Soldaten der zurückgebliebenen Marschkolonne)
Erster Soldat	Dass den nicht auch mal Lahmheit packt
	und ihm die Glieder all zerhackt?
	Ist der denn aus ganz andrem Holz,
	dass er darf schimpfen immer stolz?
	Ich bin ein Mensch wie andre auch
	und trag halt schwer an meinem Bauch,
	doch das ist mir mein Bauch auch wert,
	denn glücklich, wer den Bauch verehrt.
Zweiter Soldat	Glaub mir, der Mann, der spielt sich auf.
	Halt an! Da nimm die Buttel! Sauf!
	(Sie halten an und trinken.)
	Wer an sich selbst denkt in der Not,
	versteckt für sich ein Stückchen Brot
	und schmaust dann noch, wenn andre tot.
Erster Soldat	Der Schluck tut gut, reizt auf zur Wut.
	Ich frag was dieser Glatzkopf will?
	Ich hab' doch auch kein großes Ziel,
	warum will der dann mehr als viel
	und ist sein Lebtag lang nicht still?
Zweiter Soldat	Ich sag' dir 's doch, der spielt sich auf,
	der will ganz einfach Wirbel machen,
	weil Spaß er hat an Wirbelsachen,
	verändert gern den Weltenlauf.
Erster Soldat	Kann er das nicht alleine machen?
	Braucht er die ganze Welt dazu?
	Muss er denn stören aller Ruh'?
Zweiter Soldat	Wir sind die Dummen bei dem Spiel.
	Der treibt uns an doch wie das Vieh,
	nur weil er weiß, warum und wie.
	Und bald, ich sag 's, wird 's mir zu viel.
	Bald dreh ich um und geh' nach Haus
	dort schlaf' ich mich dann erst mal aus.

Und wenn ich nicht mehr müde bin,
erwacht vielleicht mein Kriegersinn,
dann peitsch ich meine Sklaven aus
und jag den Hund zum Haus hinaus.
Und dass ich leichter atmen tu,
mein Weib mir fächert Frischluft zu.
So lebe ich, mein Freund, daheim,
und hier muss selbst ich Sklave sein.

Erster Soldat Ja, ja, daheim, da möcht' ich sein,
bei meinem lieben Mägdelein,
das hält das Häuslein mir so rein
und schlüpft mit mir ins Bett hinein.
Da schmeckt das Brot, da schmeckt der Wein,
dort sind die Mühen riesig-klein.
Was bin ich für ein armes Schwein,
marschier' beim Militärverein.

Erzähler Als Cäsar nach Brundisium kam,
ging hier nicht alles recht nach Plan.

Cäsar *(zu den Leuten von Brundisium)*
Wo ist Pompeius und der Staat?
Ich komm doch nicht etwa zu spat?

Mann von Brundisium Der Pompeius, glaube mir,
ist schon lange nicht mehr hier.
Er und seine ganze Rotte
schifften ab mit einer Flotte
kurz nachdem sie kamen an.
- Das sagt dir ein Wahrheitsmann.

Cäsar Dann wäre unsre Hetzerei
von Sinn gewesen gänzlich frei.
(zu seinen Reitern)
Soldaten, ihr habt es gehört,
das Schicksal hier die Pläne stört.

Will uns weiter was gelingen,
müssen wir das Schicksal zwingen.
Wenn Schicksalsvögel traurig pfeifen,
dann muss man ihre Schnäbel schleifen.
Wollt, Reitersleute, ihr es wagen,
dass wir Pompeius weiter jagen?

Reiter *(zusammen)*
Weiter führ' die Jagerei
nach der Römerstaatspartei!

Cäsar Ich hab' gehandelt niemals klein,
drum lasst auch schiffen uns jetzt ein.
Steigt ab von euren Reitertieren,
zu Schaukelpferden lasst euch führen!
(zu dem Mann von Brundisium)
Wie viel von den Bretterschalen
liegen noch in eurer Bucht?
Kauf sie ab, will sie bezahlen,
um zu hemmen diese Flucht.

Mann von Brundisium Zwanzig Segelmasten ragen
aus der Schiffe Brettermagen,
und weil heut ist Feiertag,
schenk ich sie auf einen Schlag.
Denk nur an Brundisium,
wenn um dich herrscht Machtgebrumm.
Auf das richt'ge Pferd zurzeit
setzt der Mann, der denkt sehr weit.
- Also nimm die Kleinigkeit.

Cäsar Solche Leute brauche ich,
die mich lassen nicht im Stich.
Mann du von Brundisium
hast gehandelt gar nicht dumm.
(zu den Reitern)
Schafft Proviant auf diese Schaukeln,
heute segeln wir noch ab.

256

	Lass vom Feind mich nicht vergaukeln
	und das Warten hab' ich satt.
	Lasst die Götter uns anflehen,
	dass heut steife Winde wehen,
	die nach Griechenland uns blasen,
	wo sich zeigen Feindesnasen.
	Wer greift mutig an im Sturm,
	der besiegt den Drachenwurm.
Erzähler	Cäsar längst war abgeflogen,
	tanzte auf den Salzmeerwogen,
	als nach ihrem Schneckenmarsch
	die Legionen ihren Ar...,
	ihre Waffen, ihre Schilde
	in brundisische Gefilde
	schleusten ein und dort erfuhren,
	dass zu langsam ihre Uhren.
Erster Soldat	*(zum Mann von Brundisium)*
	Mann du von Brundisium,
	einst bei euch kam Cäsar an,
	wo habt ihr ihn hingetan,
	denn ich blicke mich hier um,
	seh ihn nicht, weiß nicht warum?
Mann von Brundisium	Dieses Rätsel löse ich:
	Cäsar, diesen Siegerich,
	hat der Wind geblasen fort,
	längst ist er an andrem Ort.
Erster Soldat	Worte wagst du hier zu sprechen,
	die ins Herz mir Schwerter stechen.
	(zu den anderen Soldaten)
	Habt gehört ihr es, Soldaten,
	ohne uns wagt Cäsar Taten.
	Nichts sind wir dem Manne wert,
	er verschmäht selbst unser Schwert.

	Diese lahmen Offiziere
	führten uns im Schneckengang,
	deshalb war der Weg so lang,
	deshalb ich die Wut jetzt schüre.
Soldaten	*(im Chor)*
	Sie allein sind Schuld daran,
	dass wir schmählich abgetan.
	(Die Soldaten fallen mit Schimpfworten
	über ihre Offiziere her.)
Erster Soldat	*(zum zweiten)*
	Heldenhaft gelingt 's zu denken,
	wenn uns große Männer kränken,
	indem sie die Tat vorleben,
	während wir uns selbst kaum regen.
	Wenn man sitzt nur auf dem Mist,
	ärmlich auch die Ernte ist.
	Wie viel reicher wär' das Leben,
	könnt' ich jetzt bei Cäsar sein,
	dürft' ich glorreich dort mich regen,
	mit ihm zechen Siegeswein.
Erzähler	Cäsar bald fand festen Stand
	auf dem Strand von Griechenland.
	Seine Zwanzigmastenflotte
	schickt zurück er übers Meer,
	dass sie hol' die Seinen her
	dann dankt er dem Meeresgotte,
	der beruhigte die Natur
	während seiner Segeltour.
	Aber bald musst' er erkennen,
	dass zu stark war hier der Feind,
	dass er fälschlich hat gemeint,
	er könnt' starten hier ein Rennen,
	bei dem er, wie 's üblich war,

überrollt die Feindesschar.
Anders ging es diesmal her,
denn sehr schwach war nur sein Heer.
Als in schlimmster Not er war,
Cäsar den Entschluss gebar,
ganz allein bei Mondenschein
übers wilde Meer zu fahren,
um zu holen seine Scharen,
die solang nicht trafen ein.
Also eilt er nachts zum Strand,
hüllt in einfaches Gewand
sich, damit er unerkannt
konnte flieh'n von Griechenland.
Fischer findet er am Meer,
die hinüberfahren wollen,
obgleich Sturmgewitter grollen,
und trägt vor die Fluchtbegehr.

Cäsar und die Fischer

Cäsar

(zu den Fischern)
Hört, ihr Zappelfischefänger,
rückt zusammen etwas enger
und nehmt mit auf eurem Kahn
einen schlichten Reisemann,
der die Fahrt bezahlen kann!

Steuermann

Wenn du fürchtest nicht das Meer
und dein Beutel ist recht schwer,
dann wohlan, steig in den Kahn,
drück dich in die Ecke dort,
spar dir jedes weitere Wort.
Dies sagt dir ein Fischermann,
der nicht redet viel und lang.

259

(Cäsar setzt sich, in einen Mantel gehüllt,
in eine Ecke des Kahns.
Die Fischer stoßen vom Strand ab.)

Erster Fischer	Dem Wolkenberg das Mondlicht weicht.
	Es kommt ein Sturm auf, wie mich deucht.
Zweiter Fischer	Wen deucht es erst, wenn 's ist schon klar,
	ein heller Blitz noch niemals war.

Die Wolkenberge wachsen rasch,
und wenn wir rudern jetzt noch lasch,
dann kommen wir nicht mehr voran,
weil uns die Berge halten an.

Dritter Fischer — Habt ihr gesehn den Blitzzack dort?
Dem Donner lauscht, der hält ihm Wort.
(Ein Donner grollt.)
Hört, hört, es sagt der Rollermann,
dass jetzt die Donner rollen an.
Lasst wenden uns den Fischerkahn,
den Sturm zu wagen wäre Wahn.
Es lohnt sich nicht der Fischefang,
wenn man vom Fisch nicht leben kann,
weil starb man eh der Fisch biss an.

Erster Fischer — Hast du gehört es, Steuermann,
uns Fischern wird 's allmählich bang.
Mit Wasser füllt sich schon das Boot,
von Stund' zu Stund' wächst unsre Not.
Ich kauf nicht gern so teures Brot.

Zweiter Fischer — Verdient hab' ich stets hart mein Brot,
doch heut wird 's kosten mich den Tod,
wenn wir nicht wenden gleich das Boot.

Steuermann — So werf' das Ruder ich herum;
ich bring mich ja nicht selber um.

Cäsar	*(springt auf und wirft den Mantel ab)* Betrachtet mich jetzt etwas schärfer, erkennt ihr mich, ihr Netzewerfer, bei euch ist Cäsar und sein Glück, drum dürft ihr kehren nicht zurück.
Steuermann	Wir waren blind, als er stieg ein, der Cäsar ist es ganz allein. Er ehret uns und dieses Boot, verachten muss ich jetzt den Tod, jetzt will ich zeigen mich nicht klein. Lasst wagen uns Gewitternot!
Erster Fischer	In Rom hab' ich ihn einst gesehn, ich durft' an seinem Wege steh'n, und nun sitzt er im Boote hier, ganz wundersam wird es jetzt mir.
Zweiter Fischer	Ich spür den Willen, seine Kraft, - wohl dem, der für den Edlen schafft.
Dritter Fischer	Mit Cäsar werden wir es wagen, das Sturmgewitter totzuschlagen.
Cäsar	Stellt der Sturmgewitterflut starr entgegen euren Mut! Gut wird, was mit Mut man tut. *(Die Fischer stemmen sich in die Riemen.)*
Erster Fischer	Es trotzt das Meer uns bärenhaft. Verflucht! Es schwindet mir die Kraft. Oh du, mein Trotz, verlass mich nicht, da ich tun muss die Heldenpflicht.
Zweiter Fischer	Ich zeig' all meine Tapferkeit, doch Feinde seh' ich weit und breit. Ich kämpf obwohl 's ist nicht gescheit, - allein es siegt die Müdigkeit. Hat alle Kraft man ausgegeben,

261

	dann kann man nicht mehr weiterstreben.
Dritter Fischer	Es kann der Schwächre niemals siegen,
	der größren Kraft wird er erliegen.
Steuermann	Für dich, Cäsar, wir kämpften hier
	und schenkten unsre Kräfte dir,
	allein, du siehst es selber ein,
	es trinkt der Sturm den Siegeswein.
	Im Wasser steh'n wir bis zum Knie,
	wir können siegen hier gar nie.
	Wir würden selbst für dich noch schwimmen,
	wenn damit könnt' uns was gelingen.
	Sprich, großer Mann, zu uns, befiehl,
	du kennst den besten Weg zum Ziel!
Cäsar	Blitzsauerei und Ungewitter,
	was seid ihr bloß für Meeresritter,
	dass euch das Wetterchen schmeckt bitter!
	Da will man einmal übers Meer,
	dann fällt 's den Ruderern zu schwer.
	Das soll mir eine Lehre sein,
	beim nächsten Mal fahr ich allein.
	Jetzt wendet schon den Taugenichts,
	eh er sich setzt auf tiefen Grund,
	verschlungen von des Meeres Schlund.
	(für sich)
	Da will einmal übers Meer,
	dann fällt 's den Ruderern zu schwer.
	(Die Fischer wenden schweigend den Kahn
	und rudern zum Strand zurück.)

Cäsar	*(wirft ihnen am Strand einen Beutel Geld zu)*
	Die Beutelmäuse sollt ihr haben,
	dass ihr vergesst die Wasserplagen.
	Des Fischers Freund, das ist sein Kahn,
	drum schafft euch einen andern an,

	der in Gefahr euch helfen kann.
Steuermann	Nimm es uns Fischern übel nicht,
	dass konnten wir nicht tun die Pflicht.
	Es hat der Mensch ja nur zwei Hände,
	sind diese lahm, ist er am Ende.
Cäsar	*(Er verabschiedet sich.)*
	Ich wünsch' euch einen Kabeljau
	und eine Wassernix zur Frau!

Cäsar kehrt in sein Heerlager zurück

Erzähler	Als Cäsar nach dem Missgeschick
	ins Heereslager kam zurück,
	musst' er vernehmen laute Klage,
	da man am Hungertüchlein nage
	dass lieber er den Meersturm wage,
	als dass er Mut zum Lande habe.
Offizier	*(zu Cäsar)*
	Was, Cäsar, führte dich ans Meer,
	wenn hier doch steht dein treues Heer?
	Willst du bei deinem Heer nicht sein,
	erlischt der Hoffnung Dämmerschein,
	denn du bist es, Cäsar, allein,
	für den wir dulden alle Pein.
	Hätt' sich gewandelt nicht dein Sinn,
	wir wüssten nicht, wo du bist hin
	und wären mutlos hier gesessen,
	von dir verlassen und vom Essen.
	Es weiden ab schon die Legionen
	der grünen Bäume Gipfelkronen,
	weil wir nicht haben Brot und Bohnen.
	Es schreit auch laut schon unser Magen,

er möcht' halt wieder mal was tragen.
Man wird nicht satt vom Steh'n und Warten,
führ' uns in einen Früchtegarten!
(Ein Soldat eilt heran.)

Soldat

(zu Cäsar)
Dem Wettergott man danken muss,
der brachte her Antonius
und deine große Kriegerschar,
die damals doch so langsam war.
Am Strande sind sie angekommen,
wie man 's nicht anders denken kann,
wenn man mit einem Schiff kommt an.
Ganz frisch und kriegerisch sind sie gesonnen.
Doch da kommt selber ja der Mann,
der dir den Rest erzählen kann.
(Antonius kommt heran.)

Antonius

Die Hand reich mir, mein Freund, Cäsar,
wie 's zwischen uns stets üblich war.

Cäsar

Das ist ja ein Theaterstück,
du kommst im rechten Augenblick.

Antonius

Ich bringe Mut und Nahrung mit
nach einem üblen Wasserritt,
und beides könnt ihr ja gebrauchen.
Ich seh 's, die Feinde euch recht schlauchen.
Jetzt können wir dagegen fauchen.

Cäsar

Das Glück, ich sag 's, es ist halt mein,
bei Nacht noch hab' ich Sonnenschein.
Komm mit, mein Freund, ins Zelt hinein,
lass mischen uns das Glück mit Wein!
(Sie gehen ins Feldherrnzelt.)
Erzähl, wie geht 's im Stiefel zu?
Ich hoffe doch, es herrscht noch Ruh!

Antonius

Wenn jetzt die Gallier nicht rein steigen,

dann spielen drüben Friedensgeigen.
Das Land ist dir ergeben brav,
schweigt friedlich-zahm, so wie ein Schaf.
Es weiß, du wirst der Hirte sein,
der zäunt einst alle Schäflein ein.
Doch schlecht ist es dir hier ergangen,
viel Klagen hab' ich aufgefangen
und seh 's an euren hohlen Wangen.

Cäsar   Mit Wenigen wagt' ich zu viel,
drum hab' ich nicht erreicht mein Ziel.
Dem Stärkren neigt sich zu das Land,
und es herrscht hier in Griechenland
Pompeius und sein Kriegerheer.
Er ist der Herr von Land und Meer,
hier ist ein Flüchtling er nicht mehr.
Er ist ein tonnenschwerer Bär.
Was nur zum Essen ist bestimmt,
Pompeius einfach weg uns nimmt.
Er treibt hinweg die Rinderherde,
lässt uns zurück die blanke Erde.
Ich wollt' hinüber übers Meer,
um dich zu holen und das Heer,
doch fiel den Fischern dies zu schwer,
sonst wäre ich jetzt hier nicht mehr.

Bisweilen muss man wirklich staunen,
was doch das Schicksal hat für Launen,
wie bunt es Glück und Unglück mischt,
nie weiß man, was man grade fischt.

Tuba   Tätä tätä tätä! Tätä tätä tätä!
Cäsar   *(springt auf)*
Was bläst die Tuba jetzt zur Schlacht?

	Das ist nicht möglich, jetzt, bei Nacht.
	Was ist hier los? Was geht hier vor?
	Der Bläser den Verstand verlor.
	(Ein Offizier stürzt in das Zelt.)
Offizier	Rette Feldherr, Cäsar, dich!
	Der Pompeius macht den Stich.
	Wie die Walze rollt er an,
	walzet eine Leichenbahn.
	Keiner trotzt den Bärenpranken,
	alle fliehen oder sanken.
	Dieses Lager ist gefallen,
	nur die Flucht schützt vor den Krallen.
	Überraschung lähmt das Hirn,
	keiner bietet mehr die Stirn.
Cäsar	Was nicht sein darf, kann nicht sein.
	Haltet auf mir den Verein!
	(Er ergreift sein Schwert und stürzt hinaus.
	Antonius folgt ihm.)
Cäsar	*(packt einen fliehenden Offizier am Gewand)*
	Wende dich, du Stoppelhase,
	sonst fällst du auf deine Nase.
	(Der Offizier hebt verwirrt sein Schwert ge-
	gen Cäsar, weil er in ihm einen Feind vermu-
	tet.)
Antonius	*(sticht ihn nieder)*
	Was beginnst du, Offizier,
	nicht die Tat zu Ende führ'!
Cäsar	Das Lager brennt und jeder rennt,
	kein Mann sich hier noch tapfer nennt.
Antonius	Man hält die Herde nicht mehr auf,
	wenn flüchtet sie im Donnerlauf.
	Wenn wir nicht flieh'n mit unsrer Schar,
	geraten wir noch in Gefahr.
	Allein wir können kämpfen nicht,

	zu führen ist ja unsre Pflicht.
Cäsar	Man treibt hinaus uns aus dem Haus.

zu führen ist ja unsre Pflicht.

Cäsar
Man treibt hinaus uns aus dem Haus.
Lass handeln uns, sonst ist es aus!
Folg mir zum Lagertor hinaus!
Dort sammeln wir das Heer zur Schlacht,
wenn hier es Schwierigkeiten macht.
*(Sie laufen mit den Fliehenden zum Lager
hinaus.)*

Cäsar
(zu den Fliehenden)
Lasset ab vom blinden Wahn,
haltet endlich wieder an!
Sterben werd' ich hier allein,
wenn mir helfen will kein Schwein.
*(Die Fliehenden besinnen sich wieder
und halten an.)*
Werdet endlich wieder wach,
dass ihr handelt nicht so schwach!
Was seid ihr für arme Toren!
Euer Gut habt ihr verloren,
wenn ihr auch verliert den Mut,
trifft euch die Cäsarenwut.
*(Die Fliehenden stellen sich vor
dem Lager zur Schlacht auf.)*

Antonius
Man verfolgt uns nicht mehr weiter,
wie für sie es wär' gescheiter.
Warum wagt der Feind nicht mehr,
jetzt, wo zitternd unser Heer
gegen ihn könnt' schwer bestehen?
Will er nicht mehr weitergehen?

Cäsar
Er begnügt sich mit dem Lager,
er ist nur ein halber Wager.
Wenn er trieb uns aus dem Loch,

so bleibt uns der Trost doch noch,
dass wir können wachsen wieder,
da er schlug nicht ganz uns nieder.
Wär' bei denen nur ein Mann,
der weiß, wie man siegen kann,
dann hätt' diese finstre Nacht
um mein Leben mich gebracht.

Antonius Schau doch nur, der Feind will ruh'n.
Was rätst du uns selbst zu tun?

Cäsar Ein Mann, der ist geschlagen,
wird flicken gleich den Schaden.
Wenn schwach sind unsre Waffen,
muss mit dem Kopf man schaffen.
Es wächst in mir ein Plan,
der hört sich passend an,
Wir steh'n zu nah am Meer,
das nützt Pompeius sehr,
weil seine Kriegerrotte
dort herrscht mit einer Flotte.
Wir selbst sind flottenmager
und jetzt auch ohne Lager,
drum zieh'n vom Meer wir ab,
ins Binnenland hinein,
erobern eine Stadt
und richten uns dort ein.
Pompeius wird uns folgen,
verlässt sein Plätzchen golden.
Und weil er uns will jagen,
im Land wir ihn bald haben:
Dort können wir ihn schlagen:
Es schlägt der klügre Kopf
den waffenstarken Tropf.

Antonius Mir scheint der Plan nicht schlecht,
auch ich geb' gern ihm Recht.

Beratung im Heerlager des Pompeius

Erzähler	Und während weicht Cäsar,
	lacht die Pompeiusschar,
	denn ihr erschien es klar:
	Wer nimmt des Feindes Haus,
	kann feiern Leichenschmaus.
	Man lacht und zecht dort viel
	bei einem Sieggelage
	am Siegerfeiertage
	und glaubt sich schon am Ziel.
Catullus	*(hebt seinen Becher)*
	Ha, ha, das war ein Donnerschlag,
	der warf die Maus aus ihrem Loch.
	Jetzt brauchen wir nur warten noch,
	bis kommt der Mäusesterbetag.
	Begießen lasst das Leichenfest,
	drum sauft euch Leute voll und fresst!
Afranius	Ich schick den Sklaven gleich nach Rom,
	dass er beschlagnahmt für mich schon
	ein wunderschönes Säulenhaus
	von einer toten Feindesmaus.
	Auch möchte ich bald Konsul werden
	und möcht' vom Feind noch manches erben,
	da man ja erbt, wenn Feinde sterben.
Cato	Noch ist geschlagen Cäsar nicht,
	drum ist es kühn, wenn man so spricht,
	als könnte er sich nicht mehr regen.
	Ins Land wird er sich jetzt bewegen.
	Glaubt ihr, der Mann gibt einfach auf,
	wenn er bekam mal eine drauf?
	Da kennt den Cäsar ihr sehr schlecht.
	Der fordert bis zum Tod sein Recht,

	der wird uns noch Beschwerden machen,
	drum ist es jetzt zu früh zum Lachen.
Catullus	Verdirb die Stimmung nicht, Cato,
	wir siegen so und siegen so,
	drum sind wir gar nicht grundlos froh.
	Wenn er flieht in das Land hinein,
	dann werden wir Verfolger sein
	und reiben auf die ganze Schar.
	Was ist daran nicht sonnenklar?
	Glaubst du, es siegt noch der Cäsar?
Pompeius	Dass man dem Cäsar nach jetzt sticht,
	das halte ich für sinnvoll nicht.
	Das Meer ist es, das hilft ja mir,
	drum würd' ich bleiben lieber hier.
Afranius	Was brauchen wir jetzt noch das Meer,
	wenn stark genug ist unser Heer.
	Schon morgen würd' ich brechen auf,
	dann schnappen wir sie noch im Lauf.
Offiziere	Pompeius führe uns zur Schlacht
	und krön' damit die Siegernacht!
	Verfolgen lass uns gleich den Feind,
	der doch so furchtsam-klein erscheint!
Cicero	Vergießen wollt' ihr Römerblut,
	wollt ihr nicht zügeln eure Wut?
	Es werden Bürger fallen viel,
	das darf nicht sein des Krieges Ziel.
Brutus	Doch besser ist 's, es fällt der Feind,
	als dass die Eignen man beweint,
	und dass es geht nicht ohne Blut,
	das weißt auch du, mein Freund, sehr gut.
Catullus	Wenn wir den Cäsar jetzt nicht jagen,
	kann er uns dafür Dank nur sagen,
	weil wir ihm schenken dann die Zeit,
	zu rüsten sich zu neuem Streit.

	Jetzt da er krank und schwächlich ist,
	lasst drücken ihn uns in den Mist,
	dass er zu atmen bald vergisst!
Offiziere	Wir drücken ihn jetzt in den Mist,
	dass er zu atmen bald vergisst!
	Für dich, Pompeius, streiten wir,
	drum darfst du bleiben nicht mehr hier.
	In Rom wirst du dann König sein,
	wenn ist geschlachtet dieses Schwein.
	Für diesen Lohn musst du es wagen.
	Wer Macht gewinnt, muss Kühnheit haben.
	Durch Wagemut kommt man empor.
	Schlag zu, eh er dir kommt zuvor!
Pompeius	Ihr drängt mich hin zu einem Schritt,
	den hätt' ich selber nie getan,
	doch euer Eifer treibt mich an,
	drum wage ich den Teufelsritt.
	Wenn euer Mut zur Schlacht hindrängt,
	Pompeius nicht die Nase senkt.
	Wir greifen morgen auf die Spur.
	Die Schwerter schleift zur letzten Schur!
Erzähler	Nachdem 's bekannt in Griechenland,
	dass schlecht es um den Cäsar stand,
	sich jede Stadt vor ihm verschloss
	und auf ihn Hohngelächter goss.
	Nur der ist ja den Menschen lieb,
	der freut am Glück sich und am Sieg.
	Zum Unglück kommt meist noch die Not,
	dass ohne Freund man ist und Brot.
	Es drückte schwer die Hungerlast
	auf Cäsars schwächlich-krankes Heer,
	drum lud er selber sich zu Gast

in einer Stadt, die reich war sehr.
Er zapfte ab die Milch der Kuh
und stärkte sich dadurch im Nu.
Entsteigend diesem Götterbad,
gelüstet 's ihn zu einer Tat.
Er rückt nun in die Ebne ein,
die wird die Schicksalsebne sein.
Als dann die Sonn' im Meer versank
und Nacht legt' sich auf Griechenland,
schlug auch Pompeius, dieser Wager,
in dieser Eb'ne auf sein Lager.
Die Ahnung macht ihn still und schwer,
es drängt zur Schlacht ihn hin sein Heer.

Cato   *(zu Pompejus)*
Du schweigst so still, bist so allein,
glaubst du, du wirst nicht Sieger sein?
Des Cäsars Heer ist schwach und klein,
drum morgen packst den Sieg du ein.

Pompeius   Mich träumte Schreckliches heut Nacht:
Ich führte auf Theaterspiel
und wollte sprechen schön und viel,
doch hab' ich nichts herausgebracht,
drum hat ganz Rom mich ausgelacht.

Cato   Es haben Träume kein Gewicht,
wenn an sie glaubt man einfach nicht.
Lass dir von diesem Traum nichts sagen.
Auch gegen Träume muss man wagen,
denn führen muss uns der Verstand,
der hat das Richtige erkannt.

Pompeius   Dem Traum will ich auch folgen nicht,
ich kenne meine Führerpflicht,
doch oft ich hör in mir den Ton,
der kündet von der Zukunft schon.
Sein Schicksal stets der Große ahnt,

	was es gebietet, er dann plant.
Cato	Beruhige dich, schlaf gut die Nacht,
	dass du gestärkt ziehst in die Schlacht!

Cato
was es gebietet, er dann plant.
Beruhige dich, schlaf gut die Nacht,
dass du gestärkt ziehst in die Schlacht!

Erzähler
Es schlief auch Cäsar nur schlecht ein,
drum wandelt er im Mondenschein,
er wägt und sinnet manches nach,
wie 's Denker tun, wenn sie sind wach.

Cäsar
(für sich)
Es ist Pompeius eingetroffen,
darf ich auf eine Schlacht gar hoffen?
Es wär' die Lage günstig sehr
für mich und für mein treues Heer.
Die Ebene kämpft hier für mich,
ich würde machen wohl den Stich.
Nein, nein, ich hielt ihn ja für dumm,
der macht sich nass doch nicht die Socken,
lässt sich zu einer Schlacht verlocken.
Der schaut, wie ich, sich hier nur um.
(Er schaut zum Himmel.)
Was ist das für ein Himmelslicht?
Ich hab 's gesehn mein Leben nicht,
fliegt über mich, mein Lager hin
und stürzt ins feindliche hinein.
Hat dieses Licht gar einen Sinn,
soll es ein Schicksalszeichen sein?
Für mich würd' dieses Zeichen sprechen.
Ich glaube dran, es ist kein Wahn.
Es zeigt die rote Feuerbahn,
dass ich mich werde wohl bald rächen.
Das Zeichen mir die Hoffnung macht,
dass ich gewinn die nächste Schlacht.
Ja, ja, das ist ein Götterzeichen,

das sagt, ich kann den Sieg erreichen.
Nicht anders, fühl ich, kann es sein,
als es mir sagt der Lichterschein.

Cäsar befragt einen Opferpriester

Erzähler	Um seine Zukunft zu entschleiern,
	lässt Cäsar gleich am nächsten Morgen
	sich einen fetten Stier besorgen,
	damit ein Opfer man kann feiern,
	denn aus der Eingeweideschau
	erfährt die Zukunft man genau.
Priester	*(zum Opferdiener)*
	Halte du den Bullen fest,
	ich schlag mit dem Opferstein
	ihm den harten Schädel ein,
	dass das Leben ihn verlässt!
	(Er schlägt dem Stier den Schädel ein.)
	Dieser Schlag, der hat gesessen.
	Der hat zum letzten Mal gefressen.
Opferdiener	He, he, der strampelt ja und wie.
	Du trafst nicht richtig dieses Vieh.
Priester	Das ist die Abschlussenergie,
	die pfeift jetzt aus dem Herzventil.
	Es zappeln alle ja am Schluss,
	weil jeder glaubt, dass er nicht muss,
	wenn er sich sträubt und gar nicht will.
Opferdiener	Aha, aha, er wird ganz still.
	Es trüben sich die Augen schon
	und jetzt verklingt der letzte Ton.
	Ich glaub er hat erreicht sein Ziel.
Priester	Jetzt soll uns bald der warme Magen
	was über Cäsars Zukunft sagen.
Opferdiener	Wie macht ihr Priester dieses bloß,

dass ihr erkennt der Menschen Los
aus dieser Stiergedärmeschau?
Da wundert sich doch jede Sau.
Wenn eine Sach' hat einen Grund,
dann kann man schließen ganz gesund.
Verwirrend ist die Kausalität,
nach der der Priester schließt und rät.

Priester
Nur wer ist göttlich inspiriert,
die Schlüsse um die Ecke führt.
Und weil kein Mensch die Kunst durchschaut,
dem Priester man alleine traut.
Wer sich in Wolkennebel hüllt,
bei Menschen stets als göttlich gilt.
Als Priester erst wirst du es lernen,
dich von den Menschen zu entfernen.
Wer Priesterwürde sich will wahren,
wird nicht sich mit den Menschen paaren.
Der Priester muss Geheimnis sein,
drum muss er leben auch allein.
Allein ersinnt er dann die Kunst,
wie man gewinnt der Herde Gunst,
wie er kann göttlich-rein erscheinen
vor seinem Volk, vor dem gemeinen.
Und wenn die Zukunft er wird deuten,
lässt Türen auf er nach vier Seiten.
Die Menschen wird der Spruch nicht küm-
mern,
wenn er nicht zutrifft irgendwann,
doch schau'n sie ihn genauer an
und werden sich an ihn erinnern,
wenn eines Tages ihnen scheint:
- Aha, so war der Spruch gemeint!

Cäsar
(tritt heran)

	Was sagt nun, weiser Mann, der Stier?
	Was bringt die nahe Zukunft mir?
Priester	Du musst noch warten bis der Darm
	erreicht die Wahrheitstemperatur.
	Du weißt, wenn er ist wahrheits-warm,
	kann man erkennen Wahrheit nur.
	(Sie warten eine Weile.)
	Jetzt, fühl ich, ist es gleich soweit.
	Lasst mich allein hier am Altar!
	Zehn Schritt der Abstand immer war,
	sonst kann ich werden nicht gescheit.
	Seid still und sinkt fromm auf die Knie,
	in Andacht folgt der Zeremonie!
	(Cäsar und der Opferdiener entfernen sich
	zehn Schritte und sinken auf die Knie.)
Priester	*(hebt die Hände zum Gebet)*
	Geschlachtet ist der fette Stier
	und abgekühlt auf wahrheitswarm,
	drum ihr, ihr Götter, helfet mir,
	zu deuten diesen Fliegenschwarm,
	der frisst vom Götteropferdarm.
	(Er verbeugt sich lange Zeit über dem
	geöffneten Stier und murmelt Gebete.)
	Ich hab 's! Ich seh 's! Jetzt ist es klar!
	Nur so spricht diese Fliegenschar.
Cäsar	*(springt auf)*
	Verkünde mir, was du gesehn!
	Lass länger mich nicht dumm hier steh'n.
Priester	Ich seh' den Feind und seh' die Schlacht.
	Das Schicksal eine Wende macht.
Cäsar	Wie wird die Schlacht zu Ende geh'n,
	kannst du nicht mehr im Opfer sehn?
Priester	Weil heut der Wind von Osten weht,
	wo des Pompeius Lager steht,

vermut' ich, dass um den sich 's dreht.
Vom Ausgang man hier nur vernimmt,
dass er die Schicksalswende bringt.
Wenn du vom Unglück bist getroffen,
darfst du auf Besserung bald hoffen,
doch fühlst du dich jetzt ganz im Glück,
musst du es geben bald zurück.

Cäsar

Nein, nein, ich fühl nicht glücklich mich,
drum mache ich den nächsten Stich.

(Ein Soldat eilt heran.)

Soldat

Pompeius fordert dich zur Schlacht.
Er rückt aus seinem Lager aus,
und höhnisch er schon aus dich lacht,
als wärst du nichts als eine Laus.

Cäsar

Darauf hab' ich gewartet lang.
Ich ende gleich den Hohngesang.
Gib aus Befehl an meine Truppen:
Man lege an die Panzerschuppen,
ergreife Schwert und Römerschild,
dass bieten wir ein stolzes Bild.
Ich wollte wissen, was ich sag',
wenn ist zu Ende dieser Tag.

Die Schlacht von Pharsalus

Erzähler

Als nun die Sonn' von Griechenland
erreichte ihren höchsten Stand,
war'n beide Heere aufgestellt
zur Schlacht, bei der 's ging um die Welt.
Zur Römerschlacht von Pharsalus,
die jeder kennt und kennen muss,
die größten Feldherrn rückten an,
drum hat sich Großes dort getan.

Mit zwanzigtausend Cäsar rang,
Pompeius führte vierzig an.
Und dieser hat noch Trümpfe mehr,
es kämpft für ihn ein Reiterheer
aus jungem, heißem Römerblut,
in prächtig-schöner Panzerung.
Ein Jünglingsheer voll Übermut,
das gibt den alten Kriegern Schwung.
Wer zieht zum ersten Kampfe aus
und kennt noch nicht des Krieges Graus,
der stachelt auf das ganze Heer,
da er verlangt nach Ruhm und Ehr'.
Und dem Pompeius war es klar:
Entscheiden wird die Reiterschar.
Er stellt sie auf am linken Flügel,
dem Cäsar gegenüberstand,
denn diesem wollt' er geben Prügel
und schleudern ihn in blut'gen Sand.
Wenn Cäsar, glaubt er, ist besiegt,
der Rest des Heeres nichts mehr wiegt.
Doch Cäsar, der war doppelt schlau,
denn er sah die Gefahr genau,
die drohte von der Hitzkopfschar,
die stolz auf ihre Schönheit war.
Ganz heimlich ließ er zehn Kohorten
dem rechten Flügel hinterstellen,
belehrt sie dann mit klugen Worten,
beim Aufprall sogleich vorzuschnellen
und mit den langen Speeresstangen
die jungen Reiter abzufangen.
Auf Reiters Augen soll man schießen,
da es die Schönen wird verdrießen,
wenn sie verletzen ihr Gesicht,
- das mögen schöne Männer nicht.

Wie es vor Schlachten üblich ist,
gibt Worte noch der Feldherr mit,
dass man den Mut nicht mehr vergisst
und dass das Schwert hat einen Schnitt.

Pompeius *(zu seinen Soldaten)*
Soldaten, die ihr treu geblieben
dem Staate und Pompeius, mir,
es ist ganz klar, dass wir heut siegen,
da ich ja selber euch anführ'.
Die Siegsvollstrecker seid ihr jetzt,
denn längst besiegt ist Cäsar schon.
Hierher wir haben ihn gehetzt,
und hier befreien wir auch Rom.
Es wär' ja schändlich lächerlich,
wenn wir hier machten nicht den Stich,
denn doppelt stark sind wir an Zahl,
da bleibt dem Schicksal keine Wahl.
Ihr jungen, stolzen Römerreiter,
verlacht doch diese alten Streiter,
die Ruhe wollen und nichts weiter.
Es siegt ja stets die frische Kraft,
verlieren wird, wer ist erschlafft.
Ich brauch euch nicht viel mehr zu sagen.
Ihr seht ja selber wie es steht.
Um eine gute Sach' es geht,
drum wir die Götter für uns haben.
Beschützer seid ihr dem Senat,
ich ruf euch auf zur Heldentat.

Soldaten *(jubeln begeistert)*
Die Freiheit und den Römerstaat
wir werden schützen durch die Tat!

Erzähler	Auch Cäsar wusste was zu sagen
	an solchen feuerlichen Tagen.
Cäsar	*(zu seinen Soldaten)*
	Für mich, Soldaten, streitet ihr
	und für ein goldnes Römerreich.
	Wer heute siegt am Platze hier,
	erringt ein Bett, das sanft und weich,
	denn enden wird das harte Leben,
	wenn trefft ihr und schlagt nicht daneben.
	Scheut nicht der Feinde große Zahl,
	denn Mut allein siegt überall.
	Ihr seid erfahrne alte Krieger,
	dort drüben sitzen junge Spatzen,
	die pfeifen jetzt noch frohe Lieder,
	weil sie noch kennen nicht die Katzen.
	Euch brauche ich nicht mehr belehren,
	auf euch vertrau' ich ganz und gar.
	Die Kampfübung und das Entbehren
	sind Lehrer jeder Kriegerschar.
	Ich wollte euch bewusst nur machen:
	Hier sind die Starken, dort die Schwachen,
	und über uns die Götter wachen,
	da die nur schützen gute Sachen.
Soldaten	Halt auf nicht länger unsern Mut,
	wir wollen uns mit Spatzen messen,
	die Katzen wollen was zu fressen.
	Den Hunger stillt die Spatzenbrut.
Cäsar	*(zu einem Offizier, der besonders laut schrie)*
	Wie steht 's, mein Freund, um deinen Mut,
	hast Feuer du zum Streit genug?
Offizier:	Du, Cäsar, wirst mich heut noch loben,
	ob leb ich oder lieg am Boden!

Cäsar	Wohlan, ihr Männer, stürmet los,
	den Feind werft um beim ersten Stoß!
Tuba	Tätä tätä tätä! Tätä tätä tätä!
Erzähler	Die zwanzigtausend stürmen vor
	und grausig tönt ihr Kriegerchor.

Pompeius wartet ab den Sturm,
verharrt still-stehend, wie ein Turm,
und dies sein erster Fehler war,
denn jedem Krieger ist es klar:
Wer braust heran mit Sturmgewalt,
kann niedermähen jeden Wald.
Die Speere sind schon abgeschossen,
zusammenprallen jetzt die Heere,
und für die Macht und für die Ehre
wird nun in Strömen Blut vergossen.
Die Männer sinken in den Staub,
das Kriegsgeschrei macht jeden taub.
Es klirren Waffen, schnauben Pferde,
es färbt sich dunkelrot die Erde
vom Blut der wilden Streiterscharen,
die packen sich an ihren Haaren.
Man drängt und schiebt, man sticht und stößt,
und durch Geschrei man Furcht einflößt.
Es prallen aufeinander Schilde,
man kennt nicht Gnade und nicht Milde
bei dieser Brüderschlachterei,
- es denkt sich keiner was dabei,
nun sei es so, wie es halt sei.
So ist es jetzt, so ist 's gewesen.
Man kann 's in tausend Büchern lesen.

Wie sich die Reiterei geschworen,

sie geben jetzt dem Pferd die Sporen,
sie wollen Cäsar überflügeln
und seine Streiter niederbügeln.
Allein ihr Mut geht bald verloren,
als Cäsars Männer unverfroren,
in ihr Gesicht die Speere bohren.
Das haben sie erwartet nicht,
und deshalb Panik dort ausbricht,
wo brannte hell das Hoffnungslicht
Gelähmt wird hier der frische Schwung,
es bäumt das Pferd sich und kehrt um.
Die Reiterschar fängt an zu fliehen
und nach sich sie die andern ziehen,
die wollen dulden nicht die Mühen,
wenn ihre besten Streiter fliehen.
Pompeius selbst den Kopf verliert,
als er die Niederlage spürt.
Er lässt sein Heer im Feld allein,
und hüllt sich in Verzagen ein.
Wenn schon der Feldherr handelt klein,
dann kann sein Heer nicht tapfer sein.
Der Mut von Cäsars Leuten wächst,
als sie die Feinde sehn verhext
und schlagen jetzt noch wilder ein.
Da endlich bricht der Widerstand,
es flieht der Feind, sucht weites Land.
Als dies Pompeius wird bekannt,
legt ab er das Feldherrngewand,
und eh ins Lager dringt mit Wucht
des Cäsars stolzes Siegerheer,
hat er gewandt sich schon zur Flucht,
die trägt ihn fort nun übers Meer.
Ins Lager dringt der Cäsar ein,
macht sich bewusst die Römerpein,

auch scheint das Blutbad ihm nicht klein.

Cäsar

(für sich)
So sieht es aus, des Tages Ende,
ich sehe Leichen, sehe Brände.
So hat es der Senat gewollt,
der mir hat Ehre nicht gezollt.
Ich, der ich tat für Rom so viel,
musst' erst ein Blutseebad anrichten
und Römerleichentürme schichten,
um zu erreichen hier mein Ziel.
Wer ist gefallen hier für mich,
fiel nicht umsonst, ganz sicherlich.
Der Kleinen Sinn ist 's ja auf Erden,
dass sie für Große dürfen sterben,
dass sie dem Großen dürfen dienen,
wie ihrer Königin die Bienen.
Das hat schon seine Ordnung hier,
wenn solche Ehre gab man mir.
Allein, es ist um manchen schade,
dass man ihn tragen muss zu Grabe.

*(Antonius und einige Soldaten kommen
mit Gefangenen.)*

Antonius

Den meisten ist die Flucht gelungen,
eh wir ins Lager eingedrungen,
doch haben wir gefangen viel
auf ihrem Weg zum fernen Ziel.
Was sollen wir mit ihnen machen?
Du kennst dich aus in solchen Sachen.

Cäsar

Wer ist zu dienen mir bereit,
dem soll geschehen hier kein Leid.
Man gebe ihm zurück den Speer,

	dass diene er in meinem Heer.

dass diene er in meinem Heer.
Den meisten ist es ja egal,
für wen sie schwingen ihren Stahl.
Die Hauptsach' ist, man dient dem Mann,
der führen und auch siegen kann.

Antonius
Doch ist da auch noch einer drunter,
der ordnet sich nicht gerne unter.
Der Brutus ist 's, du kennst ihn wohl,
die Freiheit nennt er sein Symbol.

Cäsar
Den Brutus habt gefangen ihr?
Warum sagst du dies jetzt erst mir.
Ich will ihn haben sogleich hier.
(Man holt den gefesselten Brutus herbei.)

Cäsar
(zu den Soldaten)
Nehmt jetzt ab dem Freund die Ketten,
vor der Schmach will ich ihn retten!

Antonius
Nennst du Freund nun diesen Mann,
der dich hat gegriffen an?
Brich dem Löwen aus die Zähne,
eh er dir entlockt die Träne,
dieses, Cäsar, rat ich dir.
Folg' dem wahren Freund, folg mir!

Cäsar
(zu Brutus)
Brutus, Freund, es ist ein Glück,
dass du bliebst ein ganzes Stück,
dass dich nicht zerschlug ein Beil,
dass du bliebst gesund und heil.

Brutus
Willst du mich mit Milde fangen?
Dienen werd' ich nicht Tyrannen.
Eh ich geb' die Freiheit auf,
nehme ich den Tod in Kauf.
Meinen Körper hast du nur,
doch wem Stärke gab Natur,
dessen Geist wird bleiben frei,

284

	beugt sich nicht der Tyrannei.
Cäsar	Deine Worte kränken mich,
	du versetzt mir einen Stich.

Du sollst Cäsar kennen lernen,
frei bist du, kannst dich entfernen.
Wer ist stark, siegt ohne Blut,
denn es siegt sein Heldenmut.
Willst du werden auch nicht mein,
ich will nicht dein Mörder sein.
Ich will deine Wut nicht schüren,
meine Milde sollst du spüren.
Damit nehm' ich dir das Recht,
über mich zu reden schlecht.
Denk, wir steh'n im Bürgerkrieg,
in dem Milde führt zum Sieg.
Geh und trage fort die Kunde:
hier sind keine wilden Hunde.
*(Brutus wendet sich schweigend
und verlässt das Lager.)*

Antonius
(zu Cäsar)
Willst du herrschen einst in Rom,
hast du jetzt verfehlt den Ton,
denn wer nicht die Starken bricht,
wird nie sehen Herrscherlicht.
Starke dulden es nicht gern,
wenn sie überstrahlt ein Stern.

Cäsar
Alle werde ich besiegen,
drum darf ich die Feinde lieben.
Aber jetzt wir brechen auf,
ich will hemmen ihren Lauf
schenken ihnen keine Zeit,
neu zu rüsten für den Streit.

Wenn der Feind liegt auf dem Rücken,
muss man halten ihn und drücken.
Eh die Morgensonne lacht,
sind wir morgen aufgewacht
um zu jagen jenen Mann,
der allein mir schaden kann.

Tod des Pompeius

Erzähler

Es floh Pompeius hin zum Nil.
Ägypten war des Fliehers Ziel.
Dort bat um Hilfe er den König,
was er bekam, das war recht wenig,
denn was er hatte, musst' er geben,
- man raubte ihm sein nacktes Leben.
Der Cäsar auch dorthin bald kam,
wo er erfuhr, was man getan.
Es kommt entgegen ihm ein Mann,
der stolz zeigt einen toten Kopf,
den fest er hält an seinem Schopf.

Theodotos

*(kommt mit dem Kopf des Pompeius
Cäsar entgegen)*
Salve Cäsar! Sieh dir an,
was für dich wir hier getan!
Des Pompeius klugen Kopf
halte ich an seinem Schopf.
Zwar die Klugheit ist entwichen,
Würmer sind hineingeschlichen,
doch wird er dich grad drum freuen,
jetzt brauchst du ihn nicht mehr scheuen.

Cäsar

Oh was seid ihr für Barbaren,
schlagen tot den edlen Mann,
was ich selbst hätt' nie getan.

Muss das Schicksal so verfahren?
Dieser Mann war würdig-groß,
wer verfährt so zügellos
wie ihr an dem Ehrenmann,
den seh' ich als Scheusal an.
Lässt man Sauen handeln frei,
machen sie nur Sauerei.
Dummheit war, was ihr getan.
Glaubt ihr, dass ich bin zufrieden,
wenn ich ihn muss so besiegen?
Selber müsst' ich mich verachten,
wenn ich ließ ihn so abschlachten.

Theodotos   Der Potheinos gab Befehl,
ihm zu schneiden ab die Kehl.
Der herrscht hier so wie ein König,
hat zu sagen gar nicht wenig.

Cäsar   Sprich, was ist das für ein Mann,
der hegt aus den Scheusalsplan.

Theodotos   Weil der König ist noch jung,
schwingt der hier allein die Zung'.
Was er will, das wird geschehen,
alles muss um ihn sich drehen.
Er vertrieb Kleopatra,
unsres Königs Schwesterherz,
weil dem König sie stand nah
und ihm selbst nur brachte Schmerz.
Seinem Rat folgt stets der König,
der sich selber zutraut wenig.
Er entfachte einen Streit
zwischen beiden Königskindern.
Wenn du, Cäsar, wärst bereit,
könntest du die Spannung lindern,
die zerstört hier unser Reich.

287

	Da du nun bist Herr in Rom,
	kann der Streit dir sein nicht gleich.
	Sei besorgt um unsern Thron.
	Schaffe Ordnung hier im Land,
	das schreit nach der starken Hand!
Cäsar	Sag', wie ist er mir gesonnen,
	dieser Mann, der Streit begonnen?
Theodotos	Er sieht dich nicht gerne hier,
	das kannst du ja denken dir.
	Wer hier webt den Schicksalsfaden,
	dem wird jeder andre schaden.
	Er verbreitet Schandgeschichten
	über deine Lebensweise,
	und er spricht davon nicht leise.
	Deinen Ruf will er vernichten.
	Er prägt unsres Königs Geist,
	sagt ihm, was er hat zu denken
	und wie er den Staat soll lenken.
	Stets er um den König kreist.
	Speichelhaft spricht er von dir
	erzeugt Aufruhrstimmung hier.
Cäsar	So stets also in dem Land,
	- das ist freilich allerhand.
	Da muss sofort was geschehen,
	einen Spieß kann man ja drehen.
	Ich geb' hier den Auftrag dir,
	bring Kleopatra zu mir!
	Ich will söhnen aus die beiden
	und will ihren Streit entscheiden,
	dass nicht dieser Aufruhrmann
	hier im Reich befehlen kann.
Theodotos	Ich lass holen die Verbannte,
	die auf diesen Tag längst brannte.

Cäsar trifft Kleopatra

Erzähler	Cäsar zieht nun zum Palast, richtet sich dort häuslich ein. Man duldet ihn dort zwar zum Schein empfindet ihn jedoch als Last. Als die Nacht nun brach herein, legte an im Mondenschein beim Palast ein Schiffelein, in dem saß Kleopatra und ein Mann, der stand ihr nah.
Kleopatra *Königin von Ägypten*	*(zu ihrem Begleiter)* Schlag die Ruder nicht so fest, feindlich ist mir dieses Nest. Wenn Potheinos mich hier sieht, weiß ich nicht, was dann geschieht.
Begleiter	Wie nur sollen wir 's anstellen, dass hier nicht die Hunde bellen wenn ich schleuse dich hier ein. Diese Frage scheint nicht klein.
Kleopatra	Ich nahm mit zu diesem Zwecke eine große, wollne Decke. Wickle mich in diese ein und dann trage mich hinein!
Begleiter	Selten ist 's, wenn eine Frau zugleich schön ist und auch schlau. Du wirst Cäsar selbst betören, du wirst seine Pläne stören. *(Er wickelt sie in die Decke ein und trägt sie in Cäsars Gemach.)*
Cäsar	*(zu dem Begleiter)* Was birgst du in der Decke, Mann, pack aus, dass ich was sehen kann.

289

	Was man verhüllt, was man versteckt, hat meine Neugier stets geweckt.
Begleiter	Du sollst die Königin jetzt sehen, nun wird sie sogleich vor dir stehen. *(Er wickelt Kleopatra aus der Decke.)*
Cäsar	*(für sich)* Da ist ja eine Götterfrau, da kann man schwerlich bleiben lau. Ich dachte sachlicher sie mir, jetzt, Cäsar, nicht den Kopf verlier. *(zu Kleopatra)* Zum Palast ließ ich dich bringen, dass Versöhnung kann gelingen. Sogleich feiern wir ein Fest, damit ihr den Streit vergesst.
Kleopatra	Wenn man mir will nichts versagen, kann man mit mir Frieden haben. Nie wollt' ich zu einer Zeit diesen Bruder-Schwesterstreit. Der Potheinos war es nur, der hier schürte den Aufruhr, deshalb muss auch dieser weichen, wollen Frieden wir erreichen.
Ptolemäus	*(Brudergemahl Kleopatras)* Auch ich will mich gern versöhnen, doch darf dich man hier nicht krönen.
Cäsar	Dieses wollen wir ja nicht, wenn nur dieser Streit abbricht. Für die Ruhe in dem Land will ich leihen meine Hand.
Ptolemäus	Also wird es hier entschieden, der Potheinos wird vertrieben.
Erzähler	Kaum hat dies der Mann erfahren, führt er schon zusammen Scharen,

um zu wehren sich dagegen,
dass man schadet seinem Leben.
In Ägypten kommt 's zum Krieg,
der dem Cäsar war nicht lieb,
da er schlecht gerüstet war.
Klein war hier nur seine Schar.
Schlimmer noch wurd' seine Lage,
als an einem Unglückstage
Ptolemäus ihn verließ,
kehrte gegen ihn den Spieß.
Doch dafür Kleopatra
rückte ihrem Helfer nah.
Und als dieser kam zum Sieg,
da gewann sie ihn so lieb,
war so dankbar ihm gesinnt,
dass gebar sie ihm ein Kind.

Cäsar doch muss weiterziehen,
auf ihn warten neue Mühen.
Des Senates Widerstand
macht noch Arbeit allerhand.
Er bricht auf nach Utica,
wo er noch den Cato sah,
der die Stadt vor ihm wollt' retten,
schützen vor Tyrannenketten.
Wie so oft in der Geschichte
werden Hoffnungen zunichte,
geht das Gute trostlos unter,
feiern böse Mächte munter
ihren Sieg auf dieser Welt,
um die es drum schlecht bestellt.

Cäsar diese Stadt erlag,

weil dort herrschte Hungerplag'
und der Cato in der Not
selbst sich gab den Freiheitstod.

Mit Catos Tod kam dann die Wende.
Andersrum dreht sich die Uhr.
Cäsarenwahn und Diktatur
macht der Freiheit jäh ein Ende.
Zu Ende ist die Republik.
Zu Ende ist auch dieses Stück.

An dieser Stelle hatte ich einfach genug von
den ständigen Kriegen und Streitereien.
Aber wer die Geschichte kennt, weiß, dass es
vor allem eine Geschichte von Kämpfen und
Kriegen ist, - bis heute.

Streit wird es auch immer geben, entscheidend ist aber, wie Streit ausgetragen wird:
Mit Worten oder mit Schwertern.

Es würd' nicht viel Kriege geben,
würd' aufs Wort man sich verlegen,
denn mit Worten lässt sich streiten,
ohne Unheil zu bereiten.

Die wichtigsten geschichtlichen Personen

Ambiorix	war Fürst oder König der Eburonen, einem Stamm in der römischen Provinz Gallia Belgica. Sie lehnten sich 54 v. Chr. gegen die Römer auf und brachten ihnen eine empfindliche Niederlage bei. 53-51 v. Chr. schlugen die Römer zurück, konnten ihn aber nicht gefangen nehmen.
Antonius, Mark Anton	*um 82, †30 (Freitod), röm. Feldherr und Staatsmann, Vertrauter Cäsars; verfolgte nach 44 die Cäsarmörder: Brutus und Cassius.
Ariovist	† vor 54 v. Chr., Heerkönig der germanischen Sweben. Von Cäsar 58 vernichtend geschlagen.
Brutus, Markus Junius	*85, †42 (Freitod), röm. Politiker. Im Bürgerkrieg auf der Seite des Pompeius; nach der Schlacht von Pharsalus (48) von Cäsar begnadigt; beteiligte sich als Verfechter der alten Republik führend an der Verschwörung gegen Cäsar; unterlag 42 Antonius.
Cäsar, Gaius Julius	*Rom 100 †44 ermordet, röm. Staatsmann und Feldherr. 87– 84 auf Seiten der Volkspartei. 60–53 1.Triumvirat mit Pompeius und Crassus. 59 1. Konsulat. 58–51 eroberte C. ganz Gallien. 49 überschreitet er den Rubico, womit der Bürgerkrieg 49–45 begann. C. ließ sich zum Konsul für 48 wählen, unterwarf Spanien 49 und schlug Pompeius bei Pharsalus. Den ägyptischen Thronstreit entschied er zugunsten Kleopatras. Nach Siegen in Afrika und in Spanien 45 wurde C. 44 Diktator auf Lebenszeit. 44 fiel er einer Ver-

	schwörung des Senates unter Führung des Brutus und Cassius zum Opfer.
Cato, Marcus Porcius	Cato d. J. *95, †Utica 46 (Freitod), röm. Staatsmann. Überzeugter Anhänger der Republik, bekämpfte erfolglos die Stellung von Pompeius und Cäsar, später kämpfte er mit Pompeius gegen Cäsar; Freitod nach Cäsars Sieg in Utica.
Cicero, Markus Tullius	*106 -†43 röm. Staatsmann; Philosoph; Schriftsteller; stand auf Seiten des Senates und der Republik. 43 Auf Befehl des Antonius ermordet.
Clodius, Publius	Pulcher „der Schöne" * um 92 v. Chr., † 52 v. Chr. Römischer Politiker.
Crassus, Marcus Licinius, „Divus" Der Reiche *etwa 115, †53, röm. Politiker. Beeinflusste mit seinem Reichtum die röm. Politik nachhaltig; 70 und 55 mit Pompeius Konsul; schloss 60 mit Cäsar und Pompeius (mit dem er sich 58 überwarf) das 1.Triumvirat; 53 im Kampf gegen die Parther gefallen.	
Kleopatra VII	die Große, *Alexandria 69, †ebd. ägypt. Königin (seit 51). 3.Tochter Ptolemaios' XII.; regierte 51-48 mit ihrem Brudergemahl Ptolemaios XIII., 47-44 mit ihrem Bruder Ptolemaios' XIV.; 48 vertrieben, wurde die Geliebte Cäsars, dem sie Kaisarion gebar; 37 heiratete sie Marcus Antonius; 31 verschuldete sie durch die Flucht der ägyptischen Flotte die Niederlage des Antonius gegen Oktavian bei Aktium. 30 suchte sie den Freitod.
Labienus, Titus	Zuerst Feldherr Cäsars; wechselte beim Ausbruch des Bürgerkrieges 49 zur Senatspartei.
Marius, Gaius	*156 v. Chr., †Rom 86 v. Chr., röm. Konsul

und Feldherr. Schlug die Teutonen 102 und die Kimbern 101, ab 88 Bürgerkrieg gegen Sulla, musste nach Afrika fliehen, kam 87 zurück und eroberte mit Cinna Rom, wo er blutige Rache nahm.

Metellus — Anhänger Sullas; Gegenspieler Cäsars.

Pompeius, Gnaeus — „Magnus", *106, †in Ägypten 48 ermordet, röm. Feldherr und Politiker. Kämpfte ab 83 mit Sulla gegen die Anhänger des Cinna, erhielt 67 das außerordentl. Kommando gegen die Seeräuber, 1.Triumvirat mit Cäsar und Crassus 60–53; näherte sich aber nach seinem 2. Konsulat 55 und dem Tod seiner Gattin Julia 54 erneut dem Senat; 52 alleiniger Konsul, 49 Oberbefehlshaber gegen Cäsar, dem er 48 bei Pharsalus unterlag.

Sulla, Lucius Cornelius — *138, † 78 v. Chr., röm. Politiker. 88 und 80 Konsul; brach 82 v. Chr. die Herrschaft des Marius und schaltete seine Gegner aus. Regierte bis 79 v. Chr. als Diktator.

Vercingetorix — *um 82, †Rom 46 v. Chr., Fürst der gall. Arverner. 52 v. Chr. Führer des gesamtgallischen Aufstandes gegen Cäsar; wurde in Alesia eingeschlossen und besiegt, 46 v. Chr. im Triumphzug Cäsars mitgeführt und anschließend hingerichtet.

Der Autor

Roland Fakler wurde 1953 in Leutkirch, Kreis Ravensburg, Südwestdeutschland, geboren. Nach Abitur in Leutkirch, Bundeswehr (Sanitäter) in München und einem Semester Medizin in Tübingen, ist er seit 1976 freischaffender Künstler, Autor und Maler, in Ammerbuch / Reusten.

Im Internet: **www.rolandfakler.de**

Meine Bücher:

Reusten und seine Geschichte
2008 DINA5; 136 Seiten; 80 Bilder 26Farbseiten;,
Books on demand ISBN-13: 978-3-8370-4383-9
Rusto 2007 Ein Historischer Roman 56 Seiten, DINA5
Herstellung bei Books on demand. ISBN: 9783837002713
Cäsar 2007/2015 Ein Epos in Versen 296 Seiten DINA5
Herstellung Books on Demand GmbH, Norderstedt
Ammerbuch: 2014 ISBN 9783732288823 DINA4, 64 Seiten; 17 farbige Seiten.
Von Verfolgern und Verfolgten – Lehren aus der Weltgeschichte
ISBN-13: 9783839138779 © 2010/ 2012/2014 300 Seiten
Herstellung Books on Demand GmbH, Norderstedt
About Persecutors and Persecuted People /
English version of this book
ISBN-13:9783842382756